אֵיכָה?

מגילת איכה של הנפש

מגיד

חגי לונדין

אֵיכָה?

מגילת איכה של הנפש

מגיד

Rabbi Hagay Lundin
Where Are You? – Megillat Eikha of the Soul

חגי לונדין
אַיֶּכָּה? – מגילת איכה של הנפש

עורך אחראי: ראובן ציגלר
עורכת ראשית: אוריה מבורך
עורכת משנה ומגיהה: אפרת גרוס
עריכה לשונית: נדב גרשון
עימוד: רינה בן גל
תמונת עטיפה: שמואל לעסרי

ספרי מגיד, הוצאת קורן
ת"ד 4044 ירושלים 9104001
טל': 02-6330530 פקס: 02-6330534
www.korenpub.co.il

מסת"ב ISBN 978-965-526-357-2

נדפס בישראל Printed in Israel 2023

תוכן עניינים

היום שבו כבתה השמש

אבלות

ימי שלושת השבועות – מי"ז בתמוז עד ט' באב – נקבעו בעם ישראל כימי אבלות. בימים הללו הנהיגו חז"ל שלא להתחתן ולהסתפר, למעט בשמחה ובשמיעת מוזיקה. מראש חודש אב האבלות מחמירה ויש גם המתנזרים מאכילת בשר ושתיית יין. י"ז בתמוז וט' באב נקבעו כימי צום, ובאחרון תיקנו חכמים לקרוא את מגילת איכה המיוחסת לירמיהו הנביא, ולומר קינות שהתחברו במהלך הדורות. אלו ימים של כאב המכונים "בין המצרים" על שם הפסוק "כָּל רֹדְפֶיהָ הִשִּׂיגוּהָ בֵּין הַמְּצָרִים" (איכה א, ג).

מה אירע בימים הללו? בעשרה בטבת החל המצור על ירושלים, לאחר שלוש שנים בי"ז בתמוז נפרצו החומות, ובתשעה באב נשרף בית המקדש. בעקבות חורבן בית המקדש הראשון יצא עם ישראל לגלות בבל; ולאחר חורבן בית המקדש השני יצא עם ישראל לגלות נוספת, שנמשכה עד דורות אלו.

לא חסרות אם כן סיבות להצטער בימים האלו – החל מהטבח של מאות אלפי יהודים בתקופות האפלות הללו, המשך באובדן הבית הלאומי היהודי והרדיפות בגלויות השונות, וכלה בחורבן בתי המקדש.

לא מרגישים

האמת הלא־נוחה היא שהבנה גולמית של הסיבות המנויות לעיל מקשה עלינו לחוש צער בימים הללו; הכאב התערפל במהלך השנים. אנו חיים

בעולם המודרני של המאה ה־21, עולם עשיר ובטוח, שמעולם לא היה בו מצבו הפיסי של העם היהודי טוב יותר. רובו של עם ישראל מצוי בארץ ישראל; חורבן בתי המקדש והפסקת עבודת הקורבנות נתפסים כאובדן פולחן דתי שאינו רלוונטי לחיים המודרניים; הגלות ושפיכות הדמים של העבר הם זיכרון רחוק.

מנהגי האבלות שאנו נוהגים בימים הללו מבוצעים אצל רובנו כחובה דתית גרידא. גם מגילת איכה והקינות נדמות כטקסטים מליציים ודיכאוניים, וקריאתן מנסה לכפות עלינו צער שאיננו חשים אותו באמת.

הפער בין האווירה שניסו חז"ל לשוות לימים הללו לבין תחושותינו הנוכחיות מוליד אדישות וניכור. רבות מן השאלות שנשאלות בדורנו, למשל, מאופיינות בניסיון למצוא היתרים דחוקים לשמיעת מוזיקה ולקיום אירועי שמחה בימים אלו למרות הכול; לפני צומות י"ז בתמוז וט' באב רבים מוטרדים מן השאלה "כיצד להעביר את הצום באופן שלא נרגיש אותו?"; והאיחול הפופולרי – למרבה המבוכה – הוא "צום קל!".

חולשת חינם

לעיתים, הצורך לצקת תוכן משמעותי לימים הללו מתגלגל לניסיון הקבלה בין ימי העבר לאקטואליה הפוליטית של ימינו. אני נוהג לכנות הקבלה זו בשם "חולשת חינם" או "דאגת חינם": תמציתה היא שמדינת ישראל עומדת כיום על סף תהום, וכדוגמת העבר מאוימת ביטחונית בידי כוחות אדירים השקולים לאימפריות הבבלית והרומאית. החברה הישראלית מושחתת מיסודה, עושקת יתום ואלמנה כבשלהי בית ראשון; והמתחים החברתיים בתוכה מזכירים את "שנאת החינם" שהייתה בימי בית שני.

המסקנות מתיאוריה עגמומית זו שבימים אלו יש לקונן על גורלנו המר ולוותר על הריבונות היהודית בארץ ישראל מפחד לחצים בינלאומיים; להשקיע את המשאבים בכלכלה סוציאליסטית ובזכויות מהגרים זרים (ה"אלמנות", ה"יתומים" וה"גרים" של זמננו); וכדי למנוע "שנאת חינם" יש לטשטש את ייחודה של המסורת היהודית

ולהתמקד במכנה המשותף הנמוך של "מדינת כל אזרחיה" – צורכי החיים הבסיסיים – קיום כלכלי, חופש ובידור להמונים. הפוך על הפוך, ימים שתוקנו לצורך תשובה ותקווה הופכים לימי נהי ובכי של חולשה.

המצב בפועל

אף שנביאי החורבן המודרניים נוהגים לראות עצמם כ"מוכיחים בשער" כירמיהו הנביא ורבן יוחנן בן זכאי בשעתם, המציאות בימינו שונה לחלוטין: מדינת ישראל היא אימפריה אזורית ואינה נמצאת באיום קיומי משום צבא בסדר גודל רומאי או בבלי. אנו מוקפים במדינות ערב כושלות ובארגוני טרור קיקיוניים. הפערים הצבאיים, הטכנולוגיים והאנושיים בינינו לבין אויבינו הם אדירים ורק הולכים וגדלים. נוסף על כך, העם היהודי נמצא כעת במצב הכלכלי הטוב ביותר בתולדותיו. רמת החיים במדינת ישראל היא בין הגבוהות בעולם וכולם נהנים מכך. החסד והעזרה ההדדית הם ערכים עליונים בחברה הישראלית, וניכרים הם בימי שגרה ועוד יותר בימי חירום. גם ההפחדות בדבר "שנאת חינם" ו"מלחמת אחים" הן הבל: מלחמות פנימיות מהוות איום ממשי על חברה בעת שמצויים בתוכה כוחות שקולים המסוכסכים ביניהם. המצב כיום הוא שרוב מוחלט של הציבור היהודי במדינת ישראל הוא בעל מכנה משותף חזק של מסורתיות ולאומיות. ישנו ציבור קטן וכוחני, דומיננטי בתקשורת, באקדמיה ובמשפט, שמנסה להציג מיצג שווא של מדינה מפולגת העומדת על סף תהום כדי להעניק משקל יתר לדעותיו.

מצבנו הפיסי והחברתי במובן הפשוט מעולם לא היה טוב יותר, לא על כך אנו בוכים בימי בין המיצרים.

הסיבה שבעבורה אנו שרויים בצער במאה ה־21 על חורבן בתי המקדש היא נוקבת ורלוונטית מאין כמוה – אובדן המשמעות הרוחנית! העולם שלפני חורבן בתי המקדש והעולם שלאחריו אינו אותו עולם. היום שבו חרב בית המקדש הוא היום שבו איבדה האנושות את המשמעות לחייה; זהו היום שבו כבתה השמש, ועדיין מתקשה היא להאיר בשנית.

חיים מאושרים

בתי המקדש, בעת שעמדו על תילם בירושלים, שימשו לא רק כבתי כנסת מפוארים אלא ייצגו עידן שבו חיי היום־יום גילמו תחושות אדירות של משמעות, שייכות ורוחניות. חייו של אדם ממוצע באותם ימים היו שונים לחלוטין מאשר ימינו. מהרגע שבו ליטפו קרני השמש את פניו בבוקר ועד העת שבה הלך לישון – האדם התנ"כי היה עטוף בתחושות קיומיות של חיבור לאידיאל נצחי.

הממד ההכרתי אומנם לא היה מפותח כבדורנו, אולם הממד הרגשי היה סוער וגועש: בזמן העבודה בשדה ובבתי המלאכה, במסגרת המשפחתית וברגעי חג ומועד – חש בן האדם שיש טעם לחייו; הקיום היום־יומי לא נתפס כמסע הישרדות פיסי – שנמלטים ממנו לתאוות יצריות מזדמנות – אלא כבעל משמעות וערך. ודאות, תחושות טוטליות ואושר היו מנת חלקם של הדורות הללו (המראה השחורה של אותן חוויות היו פולחני האלילות הפגאניים שלקחו את העוצמות הללו לאקסטזות פראיות של יצרים וגסות).

תחושת המשמעות הגיעה למיצוי מקסימלי בבית המקדש. שלוש פעמים בשנה הייתה עולה המשפחה לרגל לירושלים, ושם נפגשה בעוצמת חיים שכונתה "קדושה" ("להקדיש" בעברית משמעה "לייחד"; "בית המקדש" משמעו מקום שבו מתייחדים ומתמזגים באופן מוחלט עם משמעות החיים). בית המקדש היה מקום קסום ופלאי שבו נפגשו מרכיבי החיים כולם – דומם, חי, צומח ואדם – בהרמוניה מדויקת. אדם חווה התעלות רוחנית שהיו שותפים לה חושיו כולם: היה רואה בעיניו אסתטיקה יפיפייה של זהב, כסף נחושת; מריח את עשן הקטורת; ממשש את בעלי החיים; שומע את שירת הלויים; ומקריב קורבנות. לכל מצב נפשי שבו היה שרוי – תחושת אשמה על חטאיו, שמחה, שלמות, התעלות – היה קורבן ייעודי משלו; בכל רגע, בימי שגרה או בימי שבת ומועד, הייתה דרך ייחודית "להתקרב" אל משמעות החיים.

בימי המלך שלמה, הנחשבים כ"תור הזהב" של ימי הבית הראשון, אנו מוצאים בתנ"ך תיאורים של עוצמות חיים מפליאות: "וַיְהִי לֶחֶם

שְׁלֹמֹה לְיוֹם אֶחָד שְׁלֹשִׁים כֹּר סֹלֶת וְשִׁשִּׁים כֹּר קָמַח" (מלכים א' ה, ב); "כֶּסֶף לֹא נֶחְשָׁב בִּימֵי שְׁלֹמֹה לִמְאוּמָה" (שם י, כא). התיאורים הם תיאורי עוצמות ארציות אדירות: צבא, כלכלה, אומנות ואסתטיקה; פרקים שלמים מוקדשים לפרטי הפרטים של אדריכלות הפאר של בית המלכות ובית המקדש, צבא שלמה, סוחריו ואורוותיו. המשפט המאפיין הוא: "יְהוּדָה וְיִשְׂרָאֵל רַבִּים כַּחוֹל אֲשֶׁר עַל הַיָּם לָרֹב אֹכְלִים וְשֹׁתִים וּשְׂמֵחִים" (שם ד, כ). הקודש מופיע בחול – והחול מבטא את הקודש. הדברים אינם נעצרים רק בגבול הלאומי, אלא "וַיָּבֹאוּ מִכָּל הָעַמִּים לִשְׁמֹעַ אֵת חָכְמַת שְׁלֹמֹה מֵאֵת כָּל מַלְכֵי הָאָרֶץ אֲשֶׁר שָׁמְעוּ אֶת חָכְמָתוֹ" (שם ה, יד). לנגד עינינו נפרסת השפעתה הרוחנית והמדינית של האימפריה הישראלית באותם זמנים. עם ישראל מכליל, מקדש ומקדם את התרבויות כולן.

מלכת שבא, המלכות אשר מעבר להררי החושך, "שֹׁמַעַת אֶת שֵׁמַע שְׁלֹמֹה" (מלכים א' י, א), מתרשמת מחוכמתו, עושרו וכבודו, ואולם כאשר היא רואה את "עֹלָתוֹ אֲשֶׁר יַעֲלֶה בֵּית ה'" (שם י, ה), את "דרך מבוא שהכין מביתו לבית המקדש" (רש"י שם), מייד אומר הכתוב "וְלֹא הָיָה בָהּ עוֹד רוּחַ". כאשר רואה מלכת שבא את מבוא הגשר המחבר בין בית המקדש לבית המלכות, את הקשר בין הקודש לחול, בין המערכות הממלכתיות למערכות הקודש, מבינה היא את האידיאל הישראלי ומשבחת "אַשְׁרֵי אֲנָשֶׁיךָ אַשְׁרֵי עֲבָדֶיךָ אֵלֶּה הָעֹמְדִים לְפָנֶיךָ תָּמִיד" (שם י, ח).

חומת ברזל

אולם כל אלו לצערנו פסקו ועברו מן העולם. בעת החורבן נולדה "חומת ברזל בין ישראל לאביהם שבשמיים" (ברכות לב ע"ב), "מיום שחרב בית המקדש – אין יום שאין בו קללה, ולא ירד הטל לברכה, וניטל טעם הפירות" (סוטה מח ע"א). במילים אחרות, החיים מאבדים את חיוניותם. אנו נכנסים לעידן שבו יש מלחמה מתמדת בין החול ובין הקודש, בין החומר ובין הרוח; מלחמה הנמשכת עד עצם היום הזה. העולם הרוחני,

שבזמן בית המקדש היה מוחשי והופיע באופן משולב עם המערכות החומריות, הפך למעורפל ומסופק, ואילו המציאות הפיזית נתפסת כממשות הבלעדית. מאז חורבן בית המקדש, בעת שבה אדם עוסק בחיי היום־יום הוא חש עיסוק טכני גרידא, שגרת החיים מעיקה עליו והמחנק מתפרץ בסופו של דבר בתסכול, כעס ויצריות גסה. גם הרגעים שמקדיש האדם ל"טקסים דתיים" נתפסים בעיניו כחיצוניים ומנותקים מן החיים הממשיים.

הגלות משקפת במדויק את המצב הנפשי מאז חורבן בתי המקדש; שם אבדה היכולת לעם ישראל לנהל חיים טבעיים ובריאים; ושם התנתקנו מעבודת אדמה, מלאום ומנורמליות. בדיעבד שימשה הגלות רפואה לריקבון שפשה אז בחברה הישראלית, סוג של "מכת חשמל", המשביתה את המסגרות הלאומיות אשר שקעו ב"פעילות יתר" חומרנית – עבודה זרה, גילוי עריות, שפיכות דמים ושנאת חינם – בשלהי בית ראשון ושני. במשך אלפיים שנות גלות יכול עם ישראל לשקם מעט את עצמו, וזאת על ידי הליכה לקיצוניות הנגדית: התנתקות מניהול מערכות ציבוריות רחבות – כלכליות, צבאיות ופוליטיות – והתמקדות בפיתוח רוחני. תהליך הכרחי שלווה בגלות קשה ומדממת, שהאנטישמיות היא רק קצה הקרחון שלה.

ההיסטוריה מסתבכת

הגלות שימשה אומנם סוג של תשובת המשקל לעודף החומרנות של סוף עידן בתי המקדש; אולם גרמה לאפקט מטוטלת שהכניס לסחרור את מהלך ההיסטוריה העולמית: המודל שהציב עם ישראל בגלות שלא בטובתו – עם רוחני המנותק מחיים לאומיים נורמליים – שימש כהשראה מעוותת לעידן הדתות. הנצרות, ולאחריה האסלאם, הצעידו את העולם לחשכת ימי הביניים שבו כל חייו של המין האנושי: המדע, האסתטיקה והרגשות האנושיים – עתידים להידרס תחת מגף הדתות הרואות בעולם החומר מתנגד לעולם הרוח. האנושות היטלטלה באופן קיצוני מחומרנות פראית לרוחניות מנותקת.

חוסר איזון מוליד חוסר איזון נגדי. לאחר מאות שנות שליטה דתית חונקת, מתפרצת תנועת חילון שדוחקת את שלטון העריצות הדתי. החילוניות העצימה את הצלחתו החומרית והאנושית של האדם, וגילתה בוז כלפי עולם הדת והרוח. המחיר היה בהתאם – המטולטלת נעה לכיוון השני – עולם חדש נברא; נוצץ מהישגים מדעיים וטכנולוגיים אולם מנוכר לנשמתו.

המערבולת הלכה והסתחררה לה במצולות המאה ה־21: אם בתחילת דרכה כפרה החילוניות המודרנית בדת, אולם שימרה ערכים אנושיים כלאומיות ומשפחתיות; בהמשך – לאחר משברי מלחמות העולם של המאה ה־20 שגרמו לזניחת האידיאולגיות האנושיות – התדרדרה באופן בלתי נמנע לתרבות פוסט־מודרנית (בתר־מודרנית), מיואשת, פסימית, והחותרת לפירוק המסגרות כולן. בימינו, ההרמוניה בין עולם החומר לעולם הרוח מופרת באופן קיצוני ותחושת כאוס שורה בכול: "בעקבות משיחא חוצפא יסגא... יראי חטא ימאסו והאמת תהיה נעדרת... אויבי איש אנשי ביתו, פני הדור כפני הכלב, הבן אינו מתבייש מאביו" (סוטה מט ע"ב).

דרך ארוכה לפנינו

חזרתו של עם ישראל לארצו החלה אומנם להשיב את האיזון למציאות, אולם כל עוד בית המקדש השלישי אינו עומד על תילו המשמעות היא שהתהליך לא הגיע לסיומו. עולם הרוח ועולם החומר נותרו במובנים רבים מפורדים ועוינים זה לזה. כל עוד איננו מוצאים משמעות א־לוהית בחיינו אנו חשים בדידות, ניכור וייאוש. למרות השפע הכלכלי והטכנולוגי – שמאפשר אף חיי נוחות דתיים – התחושות הקיומיות הן של חרדה, ספקנות וחוסר שייכות.

יום תשעה באב הוא היום העצוב ביותר בשנה. יום שבו לא אוכלים, לא שותים ונוהגים שאר דיני אבלות. חכמים אף אסרו ללמוד בתשעה באב דברי תורה שאינם קשורים ישירות לנושא החורבן (וזאת מתוך הנחה שדברי תורה בנושאים אחרים כן משמחים אותנו). בתשעה

באב אפילו לא מתפללים יותר מדי. המטרה היא אחת – לחשוב ולהפנים כי העולם שבו אנו מצויים הוא עולם חסר. ברגע שנבין מה חסר לנו, יש גם סיכוי שנעלה על מסלול שישיב את מה שאבד. ואבד הרבה.

אַיֶּכָּה?

בתשעה באב אנו קוראים את מגילת איכה וקינותיה; ובכל דור ודור אנו מוצאים בהן נקודות השקה לעולמנו. לפני כחמש מאות שנה מצאו יהודים בפסוקי המגילה הד לרדיפות שהיו מנת חלקם בגלות; לפני כחמישים שנה שיקפו הפסוקים את מצוקותיו הכלכליות והדתיות של עידן המודרנה; כיום אנו מזהים בכל פרק ופרק מן המגילה את כאביו של אדם במאה ה־21 – ריקנות; בערות; בדידות ואובדנות. טביעות האצבע של מלאך המוות הפוסט־מודרני ניכרות בתיאוריו של ירמיהו הנביא כאילו נכתבו אך אתמול – חוסר שורשים, בריחה לתאוות מזדמנות, ריגושים מלאכותיים, ספקנות, תסכול וייאוש.

מכל מילה במגילת איכה ומכל קינה וקינה עולה שאלה אחת, השאלה ששאל אלוהים את אדם הראשון לאחר חטאו – אַיֶּכָּה? בתוך השפע, הנוחות, הרעש התקשורתי; הצבעים והצלילים שמקיפים אותנו מכל כיוון – היכן את או אתה מצויים בעולמו של אלוהים? האם מצאת את המשמעות בחייך? האם בית המקדש נבנה בלבבך?

מבט חודר מגלה לנו כי כל הצרות המצויות בעולם, המאבק בין הכוחות השונים המביא בסופו של דבר למלחמות, מתחים ומשברים בכל המישורים – הפרטיים והציבוריים – נובעים כולם בסופו של דבר מחוסר האיזון בין העולם הרוחני לעולם החומרי, איזון שהופר מאז חורבן בית המקדש; ועל אלה עינינו בוכיות.

הביאור

במבט ראשון נדמית מגילת איכה כבליל פסוקים עצובים ללא קשר ביניהם; אולם מבט מעמיק יותר מזהה מבנה מדויק הסוקר את השבר שבו עולמנו מצוי מאז חורבן בתי המקדש. בביאור זה הושם דגש על תרגום

הפסוקים לכאב הקיומי־אישי של כל אחד ואחת מאיתנו. כל פרק במגילה (למעט הפרק האחרון) בנוי בסדר פסוקים על פי אותיות הא"ב; רוצה לומר שהצער והכאב מקיפים את עולמנו מלמטה ועד למעלה, מאל"ף ועד תי"ו. בפרקים ב-ג-ד ישנו חילוף אותיות: האות פ"ה מוקדמת לאות עי"ן, וזאת מפני שהמרגלים ששלח משה לתור את הארץ והוציאו את דיבתה "אמרו בפיהם מה שלא ראו בעיניהם" (סנהדרין קד ע"ב); רוצה לומר: החורבן הוא תוצר של מבט נמהר – כדוגמת המרגלים שמעלו בשליחותם אף הם בתשעה באב (תענית כט ע"א) – שמקדים את הפה לעין, הסתכלות שחורצת משפט מוחצן לפני התבוננות פנימית.

במהלך הביאור השתמשתי במפרשים רבים, בעיקר רש"י; רבי יוסף קרא; רבי אברהם אבן עזרא; רבי ישעיהו מטראני; וכן בניתוחים לשוניים, מצלולים ורעיונות נוספים. גם בכך ביקשתי להמשיך את דרכם של חז"ל, שלמדו לא פעם את פירושי המילים דווקא משפות זרות ומרמזים של צלילים אחרים.

תקווה

כאמור, מטרתו של ביאור זה הוא לתרגם את משמעות חורבן בתי המקדש לבן המאה ה־21; ומכאן אף מגיעה התקווה: אנו מצויים בשלב מאוחר יחסית של ההיסטוריה העולמית, שלב המכונה בפי חז"ל "עידן הגאולה". ימי שלושת השבועות הם אומנם ימי אבל, אולם ישנו הבדל תהומי בין אבלות בעידן של חורבן לבין אבלות בעידן של גאולה. עם ישראל שב לארצו; זוהי תקופת שפע חומרי מאין כמותה, עתירת הישגים אנושיים – שמעידה על פוטנציאל רוחני אדיר שעתיד לצאת אל הפועל; התחזקות המסורתיות והחיפוש הרוחני בתרבות הישראלית והעולמית אף הם מעידים על כך. המסקנה המרכזית מימי בין המצרים אינה גלגול עיניים מיוסר כלפי השמיים אלא חיזוק אמוני; אלו אינם ימים של ייאוש אלא של תקווה. בתקופה זו יש לכאוב וללמוד מה חסר לנו כיום כשאין בית מקדש – ואלו הן קדושה וקרבת אלוהים (שבמצבן השלם גם מביאות לחברה אזרחית מתוקנת). קריאת מגילת איכה וקינותיה אמורה לחזק בנו

אהבת חינם כלפי כוחות חיוביים, וביקורת נוקבת כלפי כוחות שליליים. דווקא הזיכרון על החורבן וההבנה על מה צמים ביום הזה, מאפשרים לקום אט־אט ולצעוד אל העתיד. אל חשש, אנו לא הולכים לקראת חורבן בית שלישי אלא לקראת עתיד מזהיר מבחינה ביטחונית, כלכלית, דמוגרפית ותרבותית; כלשון הנביא: "צום הרביעי וצום החמישי וצום השביעי וצום העשירי יהיה לבית יהודה לששון ולשמחה ולמועדים טובים. והאמת והשלום אהבו" (זכריה ח, יט).

חגי לונדין

שדרות, תמוז תשפ"ג

מגילת איכה

קינות שלפני קריאת מגילת איכה

על נהרות בבל

"בתשעה באב נגזר על אבותינו שלא יכנסו לארץ, וחרב הבית בראשונה ובשניה, ונלכדה ביתר, ונחרשה העיר. משנכנס אב ממעטין בשמחה" (משנה, תענית פ"ד מ"ו).

קודם תפילת ערבית קוראים את מזמור קלז 'עַל נַהֲרוֹת בָּבֶל',
ובקהילות המזרח נוהגים לקרוא גם את שירת 'הַאֲזִינוּ'.

עַל־נַהֲרוֹת בָּבֶל, שָׁם יָשַׁבְנוּ גַּם־בָּכִינוּ, בְּזׇכְרֵנוּ אֶת־צִיּוֹן: עַל־ תהלים קלז
עֲרָבִים בְּתוֹכָהּ תָּלִינוּ כִּנֹּרוֹתֵינוּ: כִּי שָׁם שְׁאֵלוּנוּ שׁוֹבֵינוּ דִּבְרֵי־שִׁיר
וְתוֹלָלֵינוּ שִׂמְחָה, שִׁירוּ לָנוּ מִשִּׁיר צִיּוֹן: אֵיךְ נָשִׁיר אֶת־שִׁיר־יהוה
עַל אַדְמַת נֵכָר: אִם־אֶשְׁכָּחֵךְ יְרוּשָׁלָםִ, תִּשְׁכַּח יְמִינִי: תִּדְבַּק לְשׁוֹנִי
לְחִכִּי אִם־לֹא אֶזְכְּרֵכִי, אִם־לֹא אַעֲלֶה אֶת־יְרוּשָׁלַםִ עַל רֹאשׁ
שִׂמְחָתִי: זְכֹר יהוה לִבְנֵי אֱדוֹם אֵת יוֹם יְרוּשָׁלָםִ, הָאֹמְרִים עָרוּ
עָרוּ עַד הַיְסוֹד בָּהּ: בַּת־בָּבֶל הַשְּׁדוּדָה, אַשְׁרֵי שֶׁיְשַׁלֶּם־לָךְ אֶת־
גְּמוּלֵךְ שֶׁגָּמַלְתְּ לָנוּ: אַשְׁרֵי שֶׁיֹּאחֵז, וְנִפֵּץ אֶת־עֹלָלַיִךְ אֶל־הַסָּלַע:

שירת האזינו

הַאֲזִינוּ הַשָּׁמַיִם וַאֲדַבֵּרָה   וְתִשְׁמַע הָאָרֶץ אִמְרֵי־פִי: דברים לב
יַעֲרֹף כַּמָּטָר לִקְחִי   תִּזַּל כַּטַּל אִמְרָתִי
כִּשְׂעִירִם עֲלֵי־דֶשֶׁא   וְכִרְבִיבִים עֲלֵי־עֵשֶׂב:
כִּי שֵׁם יהוה אֶקְרָא   הָבוּ גֹדֶל לֵאלֹהֵינוּ:
הַצּוּר תָּמִים פָּעֳלוֹ   כִּי כׇל־דְּרָכָיו מִשְׁפָּט
אֵל אֱמוּנָה וְאֵין עָוֶל   צַדִּיק וְיָשָׁר הוּא:

שִׁחֵ֥ת ל֛וֹ לֹּ֖א בָּנָ֣יו מוּמָ֑ם   דּ֥וֹר עִקֵּ֖שׁ וּפְתַלְתֹּֽל׃
הַ לְיהוה֙ תִּגְמְלוּ־זֹ֔את   עַ֥ם נָבָ֖ל וְלֹ֣א חָכָ֑ם
הֲלוֹא־הוּא֙ אָבִ֣יךָ קָּנֶ֔ךָ   ה֥וּא עָֽשְׂךָ֖ וַֽיְכֹנְנֶֽךָ׃
זְכֹר֙ יְמ֣וֹת עוֹלָ֔ם   בִּ֖ינוּ שְׁנ֣וֹת דֹּר־וָדֹ֑ר
שְׁאַ֤ל אָבִ֙יךָ֙ וְיַגֵּ֔דְךָ   זְקֵנֶ֖יךָ וְיֹ֥אמְרוּ לָֽךְ׃
בְּהַנְחֵ֤ל עֶלְיוֹן֙ גּוֹיִ֔ם   בְּהַפְרִיד֖וֹ בְּנֵ֣י אָדָ֑ם
יַצֵּב֙ גְּבֻלֹ֣ת עַמִּ֔ים   לְמִסְפַּ֖ר בְּנֵ֥י יִשְׂרָאֵֽל׃
כִּ֛י חֵ֥לֶק יהוה עַמּ֑וֹ   יַעֲקֹ֖ב חֶ֥בֶל נַחֲלָתֽוֹ׃
יִמְצָאֵ֙הוּ֙ בְּאֶ֣רֶץ מִדְבָּ֔ר   וּבְתֹ֖הוּ יְלֵ֣ל יְשִׁמֹ֑ן
יְסֹבְבֶ֙נְהוּ֙ יְב֣וֹנְנֵ֔הוּ   יִצְּרֶ֖נְהוּ כְּאִישׁ֥וֹן עֵינֽוֹ׃
כְּנֶ֙שֶׁר֙ יָעִ֣יר קִנּ֔וֹ   עַל־גּוֹזָלָ֖יו יְרַחֵ֑ף
יִפְרֹ֤שׂ כְּנָפָיו֙ יִקָּחֵ֔הוּ   יִשָּׂאֵ֖הוּ עַל־אֶבְרָתֽוֹ׃
יהוה בָּדָ֣ד יַנְחֶ֑נּוּ   וְאֵ֥ין עִמּ֖וֹ אֵ֥ל נֵכָֽר׃
בָּמֳתֵי   יַרְכִּבֵ֙הוּ֙ עַל־בָּ֣מוֹתֵי אָ֔רֶץ   וַיֹּאכַ֖ל תְּנוּבֹ֣ת שָׂדָ֑י
וַיֵּנִקֵ֤הוּ דְבַשׁ֙ מִסֶּ֔לַע   וְשֶׁ֖מֶן מֵחַלְמִ֥ישׁ צֽוּר׃
חֶמְאַ֨ת בָּקָ֜ר וַחֲלֵ֣ב צֹ֗אן   עִם־חֵ֨לֶב כָּרִ֜ים
וְאֵילִ֤ים בְּנֵֽי־בָשָׁן֙ וְעַתּוּדִ֔ים   עִם־חֵ֖לֶב כִּלְי֣וֹת חִטָּ֑ה
וְדַם־עֵנָ֖ב תִּשְׁתֶּה־חָֽמֶר׃   וַיִּשְׁמַ֤ן יְשֻׁרוּן֙ וַיִּבְעָ֔ט
שָׁמַ֖נְתָּ עָבִ֣יתָ כָּשִׂ֑יתָ   וַיִּטֹּשׁ֙ אֱל֣וֹהַּ עָשָׂ֔הוּ
וַיְנַבֵּ֖ל צ֥וּר יְשֻׁעָתֽוֹ׃   יַקְנִאֻ֖הוּ בְּזָרִ֑ים
בְּתוֹעֵבֹ֖ת יַכְעִיסֻֽהוּ׃   יִזְבְּח֗וּ לַשֵּׁדִים֙ לֹ֣א אֱלֹ֔הַ
אֱלֹהִ֖ים לֹ֣א יְדָע֑וּם   חֲדָשִׁים֙ מִקָּרֹ֣ב בָּ֔אוּ
לֹ֥א שְׂעָר֖וּם אֲבֹתֵיכֶֽם׃   צ֥וּר יְלָדְךָ֖ תֶּ֑שִׁי
וַתִּשְׁכַּ֖ח אֵ֥ל מְחֹלְלֶֽךָ׃   וַיַּ֥רְא יהוה וַיִּנְאָ֑ץ
מִכַּ֥עַס בָּנָ֖יו וּבְנֹתָֽיו׃   וַיֹּ֗אמֶר אַסְתִּ֤ירָה פָנַי֙ מֵהֶ֔ם
אֶרְאֶ֖ה מָ֣ה אַחֲרִיתָ֑ם   כִּ֣י ד֤וֹר תַּהְפֻּכֹת֙ הֵ֔מָּה

בָּנִ֖ים לֹא־אֵ֥מֻן בָּֽם׃ הֵ֚ם קִנְא֣וּנִי בְלֹא־אֵ֔ל
כִּעֲס֖וּנִי בְּהַבְלֵיהֶ֑ם וַאֲנִי֙ אַקְנִיאֵ֣ם בְּלֹא־עָ֔ם
בְּג֥וֹי נָבָ֖ל אַכְעִיסֵֽם׃ כִּי־אֵשׁ֙ קָדְחָ֣ה בְאַפִּ֔י
וַתִּיקַ֖ד עַד־שְׁא֣וֹל תַּחְתִּ֑ית וַתֹּ֤אכַל אֶ֙רֶץ֙ וִיבֻלָ֔הּ
וַתְּלַהֵ֖ט מוֹסְדֵ֥י הָרִֽים׃ אַסְפֶּ֥ה עָלֵ֖ימוֹ רָע֑וֹת
חִצַּ֖י אֲכַלֶּה־בָּֽם׃ מְזֵ֥י רָעָ֛ב וּלְחֻ֥מֵי רֶ֖שֶׁף
וְקֶ֣טֶב מְרִירִ֑י וְשֶׁן־בְּהֵמֹת֙ אֲשַׁלַּח־בָּ֔ם
עִם־חֲמַ֖ת זֹחֲלֵ֥י עָפָֽר׃ מִחוּץ֙ תְּשַׁכֶּל־חֶ֔רֶב
וּמֵחֲדָרִ֖ים אֵימָ֑ה גַּם־בָּחוּר֙ גַּם־בְּתוּלָ֔ה
יוֹנֵ֖ק עִם־אִ֥ישׁ שֵׂיבָֽה׃ אָמַ֖רְתִּי אַפְאֵיהֶ֑ם
אַשְׁבִּ֥יתָה מֵאֱנ֖וֹשׁ זִכְרָֽם׃ לוּלֵ֗י כַּ֤עַס אוֹיֵב֙ אָג֔וּר
פֶּן־יְנַכְּר֖וּ צָרֵ֑ימוֹ פֶּן־יֹֽאמְרוּ֙ יָדֵ֣נוּ רָ֔מָה
וְלֹ֥א יְהוָ֖ה פָּעַ֥ל כָּל־זֹֽאת׃ כִּי־ג֛וֹי אֹבַ֥ד עֵצ֖וֹת הֵ֑מָּה
וְאֵ֥ין בָּהֶ֖ם תְּבוּנָֽה׃ ל֥וּ חָכְמ֖וּ יַשְׂכִּ֣ילוּ זֹ֑את
יָבִ֖ינוּ לְאַחֲרִיתָֽם׃ אֵיכָ֞ה יִרְדֹּ֤ף אֶחָד֙ אֶ֔לֶף
וּשְׁנַ֖יִם יָנִ֣יסוּ רְבָבָ֑ה אִם־לֹא֙ כִּי־צוּרָ֣ם מְכָרָ֔ם
וַֽיהוָ֖ה הִסְגִּירָֽם׃ כִּ֛י לֹ֥א כְצוּרֵ֖נוּ צוּרָ֑ם
וְאֹיְבֵ֖ינוּ פְּלִילִֽים׃ כִּֽי־מִגֶּ֤פֶן סְדֹם֙ גַּפְנָ֔ם
וּמִשַּׁדְמֹ֖ת עֲמֹרָ֑ה עֲנָבֵ֙מוֹ֙ עִנְּבֵי־ר֔וֹשׁ
אַשְׁכְּלֹ֥ת מְרֹרֹ֖ת לָֽמוֹ׃ חֲמַ֥ת תַּנִּינִ֖ם יֵינָ֑ם
וְרֹ֥אשׁ פְּתָנִ֖ים אַכְזָֽר׃ הֲלֹא־ה֖וּא כָּמֻ֣ס עִמָּדִ֑י
חָת֖וּם בְּאוֹצְרֹתָֽי׃ לִ֤י נָקָם֙ וְשִׁלֵּ֔ם
לְעֵ֖ת תָּמ֣וּט רַגְלָ֑ם כִּ֤י קָרוֹב֙ י֣וֹם אֵידָ֔ם
וְחָ֖שׁ עֲתִדֹ֥ת לָֽמוֹ׃ כִּֽי־יָדִ֤ין יְהוָה֙ עַמּ֔וֹ
וְעַל־עֲבָדָ֖יו יִתְנֶחָ֑ם כִּ֤י יִרְאֶה֙ כִּי־אָ֣זְלַת יָ֔ד
וְאֶ֖פֶס עָצ֥וּר וְעָזֽוּב׃ וְאָמַ֖ר אֵ֣י אֱלֹהֵ֑ימוֹ

צ֖וּר חָסָ֥יוּ בֽוֹ׃ אֲשֶׁ֨ר חֵ֤לֶב זְבָחֵ֙ימוֹ֙ יֹאכֵ֔לוּ
יִשְׁתּ֖וּ יֵ֣ין נְסִיכָ֑ם יָק֙וּמוּ֙ וְיַעְזְרֻכֶ֔ם
יְהִ֥י עֲלֵיכֶ֖ם סִתְרָֽה׃ רְא֣וּ ׀ עַתָּ֗ה כִּ֣י אֲנִ֤י אֲנִי֙ ה֔וּא
וְאֵ֥ין אֱלֹהִ֖ים עִמָּדִ֑י אֲנִ֧י אָמִ֣ית וַאֲחַיֶּ֗ה
מָחַ֙צְתִּי֙ וַאֲנִ֣י אֶרְפָּ֔א וְאֵ֥ין מִיָּדִ֖י מַצִּֽיל׃
כִּֽי־אֶשָּׂ֥א אֶל־שָׁמַ֖יִם יָדִ֑י וְאָמַ֕רְתִּי חַ֥י אָנֹכִ֖י לְעֹלָֽם׃
אִם־שַׁנּוֹתִי֙ בְּרַ֣ק חַרְבִּ֔י וְתֹאחֵ֥ז בְּמִשְׁפָּ֖ט יָדִ֑י
אָשִׁ֤יב נָקָם֙ לְצָרָ֔י וְלִמְשַׂנְאַ֖י אֲשַׁלֵּֽם׃
אַשְׁכִּ֤יר חִצַּי֙ מִדָּ֔ם וְחַרְבִּ֖י תֹּאכַ֣ל בָּשָׂ֑ר
מִדַּ֤ם חָלָל֙ וְשִׁבְיָ֔ה מֵרֹ֖אשׁ פַּרְע֥וֹת אוֹיֵֽב׃
הַרְנִ֤ינוּ גוֹיִם֙ עַמּ֔וֹ כִּ֥י דַם־עֲבָדָ֖יו יִקּ֑וֹם
וְנָקָם֙ יָשִׁ֣יב לְצָרָ֔יו וְכִפֶּ֥ר אַדְמָת֖וֹ עַמּֽוֹ׃

למי אבכה

לְמִי אֶבְכֶּה / וְכַף אַכֶּה
וּבִבְכִי אֲמָרֵר / וַהֲמוֹן מֵעַי / אֲשַׁנֵּן.

הֲלַמִּקְדָּשׁ / וְאָרוֹן אוֹ כְרוּבִים
אֲשֶׁר עוֹרְבִים / וְקִפּוֹד שָׁם / יְקַנֵּן.

וְעַל דּוּכָן / אֲשֶׁר הוּכַן לְלֵוִי
לְנַצֵּחַ / בְּשִׁיר לָאֵל / וְרַנֵּן.

אֲהִי מַשְׁמִים / עֲלֵי אוּרִים וְתֻמִּים
וּבָא קוֹסֵם / קְסָמִים גַּם / מְעוֹנֵן.

וְעַל הֶרֶג חֲכָמִים בֵּית אֱלֹהִים
אֲשֶׁר שָׁם כֹּהֲנֵי מִשְׁמָר / יְכוֹנֵן.

וְאֵיכָה חָשְׁכָה אוֹר הַהֲלָכָה
וְהַתַּלְמוּד / כְּגַלְמוּד מִי / יְבוֹנֵן.

וְסוֹד תּוֹרָה / הֲיֵשׁ מוֹצִיא לְאוֹרָה
וּמִי הוּא זֶה / עֲלֵי הַדּוֹר / יְגוֹנֵן.

חֲלָלִים נָפְלוּ עוֹלְלִים וְיוֹנְקִים
וְאֵין מֵקִים / וְאֵין חוֹמֵל / וְחוֹנֵן.

לְזֹאת כָּל יוֹם / וְכָל לֵיל אֲיֵלִיל
בְּרֹב חֶבֶל / כְּמוֹ אָבֵל / וְאוֹנֵן.

וּמַר אֶסְפֹּד / וְאַח אֶקְרָא לְקִפֹּד
וּמִדְּמָעַי / עֲפַר צִיּוֹן / אֲחוֹנֵן.

וְאֶחְדַּל מִשְׁמֹעַ קוֹל מְרַנֵּן
וְאֵיכָה יָשְׁבָה בָּדָד / אֲקוֹנֵן.

איכה

לאחר תפילת עמידה של ערבית יושבים על הארץ וקוראים איכה.
יש הנוהגים לקרוא איכה גם בבוקר לאחר התפילה.
בערב אם קוראים מתוך מגילה, נוהגים לברך (משנ״ב תצ, ח):

בָּרוּךְ אַתָּה יהוה אֱלֹהֵינוּ מֶלֶךְ הָעוֹלָם
אֲשֶׁר קִדְּשָׁנוּ בְּמִצְוֹתָיו וְצִוָּנוּ עַל מִקְרָא מְגִלָּה.

א א אֵיכָה ׀ יָשְׁבָה בָדָד הָעִיר רַבָּתִי עָם הָיְתָה כְּאַלְמָנָה
ב רַבָּתִי בַגּוֹיִם שָׂרָתִי בַּמְּדִינוֹת הָיְתָה לָמַס׃ בָּכוֹ תִבְכֶּה
בַּלַּיְלָה וְדִמְעָתָהּ עַל לֶחֱיָהּ אֵין־לָהּ מְנַחֵם מִכָּל־
ג אֹהֲבֶיהָ כָּל־רֵעֶיהָ בָּגְדוּ בָהּ הָיוּ לָהּ לְאֹיְבִים׃ גָּלְתָה
יְהוּדָה מֵעֹנִי וּמֵרֹב עֲבֹדָה הִיא יָשְׁבָה בַגּוֹיִם לֹא
ד מָצְאָה מָנוֹחַ כָּל־רֹדְפֶיהָ הִשִּׂיגוּהָ בֵּין הַמְּצָרִים׃ דַּרְכֵי
צִיּוֹן אֲבֵלוֹת מִבְּלִי בָּאֵי מוֹעֵד כָּל־שְׁעָרֶיהָ שׁוֹמֵמִין
כֹּהֲנֶיהָ נֶאֱנָחִים בְּתוּלֹתֶיהָ נּוּגוֹת וְהִיא מַר־לָהּ׃
ה הָיוּ צָרֶיהָ לְרֹאשׁ אֹיְבֶיהָ שָׁלוּ כִּי־יְהוָה הוֹגָהּ עַל־
ו רֹב פְּשָׁעֶיהָ עוֹלָלֶיהָ הָלְכוּ שְׁבִי לִפְנֵי־צָר׃ וַיֵּצֵא מִן
בת־צִיּוֹן כָּל־הֲדָרָהּ הָיוּ שָׂרֶיהָ כְּאַיָּלִים לֹא־מָצְאוּ מִבַּת־
ז מִרְעֶה וַיֵּלְכוּ בְלֹא־כֹחַ לִפְנֵי רוֹדֵף׃ זָכְרָה יְרוּשָׁלִַם
יְמֵי עָנְיָהּ וּמְרוּדֶיהָ כֹּל מַחֲמֻדֶיהָ אֲשֶׁר הָיוּ מִימֵי
קֶדֶם בִּנְפֹל עַמָּהּ בְּיַד־צָר וְאֵין עוֹזֵר לָהּ רָאוּהָ צָרִים

ח שִׂחֲקוּ עַל־מִשְׁבַּתֶּהָ׃ חֵטְא חָטְאָה יְרוּשָׁלִַם עַל־כֵּן
לְנִידָה הָיָתָה כָּל־מְכַבְּדֶיהָ הִזִּילוּהָ כִּי־רָאוּ עֶרְוָתָהּ
ט גַּם־הִיא נֶאֶנְחָה וַתָּשָׁב אָחוֹר׃ טֻמְאָתָהּ בְּשׁוּלֶיהָ לֹא
זָכְרָה אַחֲרִיתָהּ וַתֵּרֶד פְּלָאִים אֵין מְנַחֵם לָהּ רְאֵה
י יְהוָה אֶת־עָנְיִי כִּי הִגְדִּיל אוֹיֵב׃ יָדוֹ פָּרַשׂ צָר עַל כָּל־
מַחֲמַדֶּיהָ כִּי־רָאֲתָה גוֹיִם בָּאוּ מִקְדָּשָׁהּ אֲשֶׁר צִוִּיתָה
יא לֹא־יָבֹאוּ בַקָּהָל לָךְ׃ כָּל־עַמָּהּ נֶאֱנָחִים מְבַקְּשִׁים
לֶחֶם נָתְנוּ מחמודיהם בְּאֹכֶל לְהָשִׁיב נָפֶשׁ רְאֵה יְהוָה מַחֲמַדֵּיהֶם
יב וְהַבִּיטָה כִּי הָיִיתִי זוֹלֵלָה׃ לוֹא אֲלֵיכֶם כָּל־עֹבְרֵי דֶרֶךְ
הַבִּיטוּ וּרְאוּ אִם־יֵשׁ מַכְאוֹב כְּמַכְאֹבִי אֲשֶׁר עוֹלַל לִי
יג אֲשֶׁר הוֹגָה יְהוָה בְּיוֹם חֲרוֹן אַפּוֹ׃ מִמָּרוֹם שָׁלַח־אֵשׁ
בְּעַצְמֹתַי וַיִּרְדֶּנָּה פָּרַשׂ רֶשֶׁת לְרַגְלַי הֱשִׁיבַנִי אָחוֹר
יד נְתָנַנִי שֹׁמֵמָה כָּל־הַיּוֹם דָּוָה׃ נִשְׂקַד עֹל פְּשָׁעַי בְּיָדוֹ
יִשְׂתָּרְגוּ עָלוּ עַל־צַוָּארִי הִכְשִׁיל כֹּחִי נְתָנַנִי אֲדֹנָי בִּידֵי
טו לֹא־אוּכַל קוּם׃ סִלָּה כָל־אַבִּירַי ׀ אֲדֹנָי בְּקִרְבִּי קָרָא
עָלַי מוֹעֵד לִשְׁבֹּר בַּחוּרָי גַּת דָּרַךְ אֲדֹנָי לִבְתוּלַת בַּת־
טז יְהוּדָה׃ עַל־אֵלֶּה ׀ אֲנִי בוֹכִיָּה עֵינִי ׀ עֵינִי יֹרְדָה מַּיִם
כִּי־רָחַק מִמֶּנִּי מְנַחֵם מֵשִׁיב נַפְשִׁי הָיוּ בָנַי שׁוֹמֵמִים
יז כִּי גָבַר אוֹיֵב׃ פֵּרְשָׂה צִיּוֹן בְּיָדֶיהָ אֵין מְנַחֵם לָהּ צִוָּה
יְהוָה לְיַעֲקֹב סְבִיבָיו צָרָיו הָיְתָה יְרוּשָׁלִַם לְנִדָּה
יח בֵּינֵיהֶם׃ צַדִּיק הוּא יְהוָה כִּי פִיהוּ מָרִיתִי שִׁמְעוּ־נָא

כָל־עַמִּים וּרְאוּ מַכְאֹבִי בְּתוּלֹתַי וּבַחוּרַי הָלְכוּ בַשֶּׁבִי׃ הָעַמִּים
יט קָרָאתִי לַמְאַהֲבַי הֵמָּה רִמּוּנִי כֹּהֲנַי וּזְקֵנַי בָּעִיר גָּוָעוּ
כ כִּי־בִקְשׁוּ אֹכֶל לָמוֹ וְיָשִׁיבוּ אֶת־נַפְשָׁם׃ רְאֵה יְהוָה
כִּי־צַר־לִי מֵעַי חֳמַרְמָרוּ נֶהְפַּךְ לִבִּי בְּקִרְבִּי כִּי מָרוֹ
כא מָרִיתִי מִחוּץ שִׁכְּלָה־חֶרֶב בַּבַּיִת כַּמָּוֶת׃ שָׁמְעוּ כִּי
נֶאֱנָחָה אָנִי אֵין מְנַחֵם לִי כָּל־אֹיְבַי שָׁמְעוּ רָעָתִי שָׂשׂוּ
כב כִּי אַתָּה עָשִׂיתָ הֵבֵאתָ יוֹם־קָרָאתָ וְיִהְיוּ כָמוֹנִי׃ תָּבֹא
כָל־רָעָתָם לְפָנֶיךָ וְעוֹלֵל לָמוֹ כַּאֲשֶׁר עוֹלַלְתָּ לִי עַל
כָּל־פְּשָׁעָי כִּי־רַבּוֹת אַנְחֹתַי וְלִבִּי דַוָּי׃
ב א אֵיכָה יָעִיב בְּאַפּוֹ ׀ אֲדֹנָי אֶת־בַּת־צִיּוֹן הִשְׁלִיךְ
מִשָּׁמַיִם אֶרֶץ תִּפְאֶרֶת יִשְׂרָאֵל וְלֹא־זָכַר הֲדֹם־רַגְלָיו
ב בְּיוֹם אַפּוֹ׃ בִּלַּע אֲדֹנָי לֹא חָמַל אֵת כָּל־נְאוֹת יַעֲקֹב וְלֹא
הָרַס בְּעֶבְרָתוֹ מִבְצְרֵי בַת־יְהוּדָה הִגִּיעַ לָאָרֶץ חִלֵּל
ג מַמְלָכָה וְשָׂרֶיהָ׃ גָּדַע בָּחֳרִי־אַף כֹּל קֶרֶן יִשְׂרָאֵל
הֵשִׁיב אָחוֹר יְמִינוֹ מִפְּנֵי אוֹיֵב וַיִּבְעַר בְּיַעֲקֹב כְּאֵשׁ
ד לֶהָבָה אָכְלָה סָבִיב׃ דָּרַךְ קַשְׁתּוֹ כְּאוֹיֵב נִצָּב יְמִינוֹ
כְּצָר וַיַּהֲרֹג כֹּל מַחֲמַדֵּי־עָיִן בְּאֹהֶל בַּת־צִיּוֹן שָׁפַךְ
ה כָּאֵשׁ חֲמָתוֹ׃ הָיָה אֲדֹנָי ׀ כְּאוֹיֵב בִּלַּע יִשְׂרָאֵל בִּלַּע
כָּל־אַרְמְנוֹתֶיהָ שִׁחֵת מִבְצָרָיו וַיֶּרֶב בְּבַת־יְהוּדָה
ו תַּאֲנִיָּה וַאֲנִיָּה׃ וַיַּחְמֹס כַּגַּן שֻׂכּוֹ שִׁחֵת מֹעֲדוֹ שִׁכַּח
יְהוָה ׀ בְּצִיּוֹן מוֹעֵד וְשַׁבָּת וַיִּנְאַץ בְּזַעַם־אַפּוֹ מֶלֶךְ

ז וְכֹהֵן: זָנַח אֲדֹנָי ׀ מִזְבְּחוֹ נִאֵר מִקְדָּשׁוֹ הִסְגִּיר בְּיַד־
אוֹיֵב חוֹמֹת אַרְמְנוֹתֶיהָ קוֹל נָתְנוּ בְּבֵית־יְהוָה כְּיוֹם
ח מוֹעֵד: חָשַׁב יְהוָה ׀ לְהַשְׁחִית חוֹמַת בַּת־צִיּוֹן נָטָה
קָו לֹא־הֵשִׁיב יָדוֹ מִבַּלֵּעַ וַיַּאֲבֶל־חֵל וְחוֹמָה יַחְדָּו
ט אֻמְלָלוּ: טָבְעוּ בָאָרֶץ שְׁעָרֶיהָ אִבַּד וְשִׁבַּר בְּרִיחֶיהָ
מַלְכָּהּ וְשָׂרֶיהָ בַגּוֹיִם אֵין תּוֹרָה גַּם־נְבִיאֶיהָ לֹא־מָצְאוּ
י חָזוֹן מֵיְהוָה: יֵשְׁבוּ לָאָרֶץ יִדְּמוּ זִקְנֵי בַת־צִיּוֹן הֶעֱלוּ
עָפָר עַל־רֹאשָׁם חָגְרוּ שַׂקִּים הוֹרִידוּ לָאָרֶץ רֹאשָׁן
יא בְּתוּלֹת יְרוּשָׁלִָם: כָּלוּ בַדְּמָעוֹת עֵינַי חֳמַרְמְרוּ מֵעַי
נִשְׁפַּךְ לָאָרֶץ כְּבֵדִי עַל־שֶׁבֶר בַּת־עַמִּי בֵּעָטֵף עוֹלֵל
יב וְיוֹנֵק בִּרְחֹבוֹת קִרְיָה: לְאִמֹּתָם יֹאמְרוּ אַיֵּה דָּגָן וָיָיִן
בְּהִתְעַטְּפָם כֶּחָלָל בִּרְחֹבוֹת עִיר בְּהִשְׁתַּפֵּךְ נַפְשָׁם
יג אֶל־חֵיק אִמֹּתָם: מָה־אעודך מָה אֲדַמֶּה־לָּךְ הַבַּת (אֲעִידֵךְ)
יְרוּשָׁלִַם מָה אַשְׁוֶה־לָּךְ וַאֲנַחֲמֵךְ בְּתוּלַת בַּת־צִיּוֹן
יד כִּי־גָדוֹל כַּיָּם שִׁבְרֵךְ מִי יִרְפָּא־לָךְ: נְבִיאַיִךְ חָזוּ לָךְ
שָׁוְא וְתָפֵל וְלֹא־גִלּוּ עַל־עֲוֺנֵךְ לְהָשִׁיב שביתך וַיֶּחֱזוּ (שְׁבוּתֵךְ)
טו לָךְ מַשְׂאוֹת שָׁוְא וּמַדּוּחִים: סָפְקוּ עָלַיִךְ כַּפַּיִם כָּל־
עֹבְרֵי דֶרֶךְ שָׁרְקוּ וַיָּנִעוּ רֹאשָׁם עַל־בַּת יְרוּשָׁלִָם
הֲזֹאת הָעִיר שֶׁיֹּאמְרוּ כְּלִילַת יֹפִי מָשׂוֹשׂ לְכָל־הָאָרֶץ:
טז פָּצוּ עָלַיִךְ פִּיהֶם כָּל־אֹיְבַיִךְ שָׁרְקוּ וַיַּחַרְקוּ־שֵׁן אָמְרוּ
יז בִּלָּעְנוּ אַךְ זֶה הַיּוֹם שֶׁקִּוִּינֻהוּ מָצָאנוּ רָאִינוּ: עָשָׂה

יְהוָה אֲשֶׁר זָמָם בִּצַּע אֶמְרָתוֹ אֲשֶׁר צִוָּה מִֽימֵי־קֶדֶם
הָרַס וְלֹא חָמָל וַיְשַׂמַּח עָלַיִךְ אוֹיֵב הֵרִים קֶרֶן צָרָיִךְ׃
יח צָעַק לִבָּם אֶל־אֲדֹנָי חוֹמַת בַּת־צִיּוֹן הוֹרִידִי כַנַּחַל
דִּמְעָה יוֹמָם וָלַיְלָה אַל־תִּתְּנִי פוּגַת לָךְ אַל־תִּדֹּם
יט בַּת־עֵינֵךְ׃ קוּמִי ׀ רֹנִּי בַלַּיִל לְרֹאשׁ אַשְׁמֻרוֹת שִׁפְכִי
כַמַּיִם לִבֵּךְ נֹכַח פְּנֵי אֲדֹנָי שְׂאִי אֵלָיו כַּפַּיִךְ עַל־נֶפֶשׁ
כ עוֹלָלַיִךְ הָעֲטוּפִים בְּרָעָב בְּרֹאשׁ כָּל־חוּצוֹת׃ רְאֵה
יְהוָה וְהַבִּיטָה לְמִי עוֹלַלְתָּ כֹּה אִם־תֹּאכַלְנָה נָשִׁים
פִּרְיָם עֹלְלֵי טִפֻּחִים אִם־יֵהָרֵג בְּמִקְדַּשׁ אֲדֹנָי כֹּהֵן
כא וְנָבִיא׃ שָׁכְבוּ לָאָרֶץ חוּצוֹת נַעַר וְזָקֵן בְּתוּלֹתַי
וּבַחוּרַי נָפְלוּ בֶחָרֶב הָרַגְתָּ בְּיוֹם אַפֶּךָ טָבַחְתָּ לֹא
כב חָמָלְתָּ׃ תִּקְרָא כְיוֹם מוֹעֵד מְגוּרַי מִסָּבִיב וְלֹא הָיָה
בְּיוֹם אַף־יְהוָה פָּלִיט וְשָׂרִיד אֲשֶׁר־טִפַּחְתִּי וְרִבִּיתִי
אֹיְבִי כִלָּם׃

ג א ב אֲנִי הַגֶּבֶר רָאָה עֳנִי בְּשֵׁבֶט עֶבְרָתוֹ׃ אוֹתִי נָהַג וַיֹּלַךְ
ג חֹשֶׁךְ וְלֹא־אוֹר׃ אַךְ בִּי יָשֻׁב יַהֲפֹךְ יָדוֹ כָּל־הַיּוֹם׃
ד ה בִּלָּה בְשָׂרִי וְעוֹרִי שִׁבַּר עַצְמוֹתָי׃ בָּנָה עָלַי וַיַּקַּף רֹאשׁ
ו ז וּתְלָאָה׃ בְּמַחֲשַׁכִּים הוֹשִׁיבַנִי כְּמֵתֵי עוֹלָם׃ גָּדַר בַּעֲדִי
ח וְלֹא אֵצֵא הִכְבִּיד נְחָשְׁתִּי׃ גַּם כִּי אֶזְעַק וַאֲשַׁוֵּעַ שָׂתַם
ט י תְּפִלָּתִי׃ גָּדַר דְּרָכַי בְּגָזִית נְתִיבֹתַי עִוָּה׃ דֹּב אֹרֵב
יא הוּא לִי אריה בְּמִסְתָּרִים׃ דְּרָכַי סוֹרֵר וַיְפַשְּׁחֵנִי שָׂמַנִי אֲרִי

שׁוֹמֵם: דָּרַךְ קַשְׁתּוֹ וַיַּצִּיבֵנִי כַּמַּטָּרָא לַחֵץ: הֵבִיא יב יג
בְּכִלְיוֹתָי בְּנֵי אַשְׁפָּתוֹ: הָיִיתִי שְּׂחֹק לְכָל־עַמִּי נְגִינָתָם יד
כָּל־הַיּוֹם: הִשְׂבִּיעַנִי בַמְּרוֹרִים הִרְוַנִי לַעֲנָה: וַיַּגְרֵס טו טז
בֶּחָצָץ שִׁנָּי הִכְפִּישַׁנִי בָּאֵפֶר: וַתִּזְנַח מִשָּׁלוֹם נַפְשִׁי יז
נָשִׁיתִי טוֹבָה: וָאֹמַר אָבַד נִצְחִי וְתוֹחַלְתִּי מֵיְהוָה: יח
וְתָשׁוֹחַ זְכָר־עָנְיִי וּמְרוּדִי לַעֲנָה וָרֹאשׁ: זָכוֹר תִּזְכּוֹר ותשיח יט כ
עָלַי נַפְשִׁי: זֹאת אָשִׁיב אֶל־לִבִּי עַל־כֵּן אוֹחִיל: כא
חַסְדֵי יהוה כִּי לֹא־תָמְנוּ כִּי לֹא־כָלוּ רַחֲמָיו: חֲדָשִׁים כב כג
לַבְּקָרִים רַבָּה אֱמוּנָתֶךָ: חֶלְקִי יהוה אָמְרָה נַפְשִׁי כד
עַל־כֵּן אוֹחִיל לוֹ: טוֹב יהוה לְקֹוָו לְנֶפֶשׁ תִּדְרְשֶׁנּוּ: כה
טוֹב וְיָחִיל וְדוּמָם לִתְשׁוּעַת יְהוָה: טוֹב לַגֶּבֶר כִּי־ כו כז
יִשָּׂא עֹל בִּנְעוּרָיו: יֵשֵׁב בָּדָד וְיִדֹּם כִּי נָטַל עָלָיו: יִתֵּן כח כט
בֶּעָפָר פִּיהוּ אוּלַי יֵשׁ תִּקְוָה: יִתֵּן לְמַכֵּהוּ לֶחִי יִשְׂבַּע ל
בְּחֶרְפָּה: כִּי לֹא יִזְנַח לְעוֹלָם אֲדֹנָי: כִּי אִם־הוֹגָה וְרִחַם לא לב
כְּרֹב חֲסָדָו: כִּי לֹא עִנָּה מִלִּבּוֹ וַיַּגֶּה בְּנֵי־אִישׁ: לְדַכֵּא לג לד
תַּחַת רַגְלָיו כֹּל אֲסִירֵי אָרֶץ: לְהַטּוֹת מִשְׁפַּט־גָּבֶר נֶגֶד לה
פְּנֵי עֶלְיוֹן: לְעַוֵּת אָדָם בְּרִיבוֹ אֲדֹנָי לֹא רָאָה: מִי זֶה לו לז
אָמַר וַתֶּהִי אֲדֹנָי לֹא צִוָּה: מִפִּי עֶלְיוֹן לֹא תֵצֵא הָרָעוֹת לח
וְהַטּוֹב: מַה־יִּתְאוֹנֵן אָדָם חָי גֶּבֶר עַל־חֲטָאָו: נַחְפְּשָׂה לט מ
דְרָכֵינוּ וְנַחְקֹרָה וְנָשׁוּבָה עַד־יְהוָה: נִשָּׂא לְבָבֵנוּ אֶל־ מא
כַּפָּיִם אֶל־אֵל בַּשָּׁמָיִם: נַחְנוּ פָשַׁעְנוּ וּמָרִינוּ אַתָּה לֹא מב

מג סָלָחְתָּ׃ סַכֹּתָה בָאַף וַתִּרְדְּפֵנוּ הָרַגְתָּ לֹא חָמָלְתָּ׃
מד מה סַכּוֹתָה בֶעָנָן לָךְ מֵעֲבוֹר תְּפִלָּה׃ סְחִי וּמָאוֹס תְּשִׂימֵנוּ
מו מז בְּקֶרֶב הָעַמִּים׃ פָּצוּ עָלֵינוּ פִּיהֶם כָּל־אֹיְבֵינוּ׃ פַּחַד
מח וָפַחַת הָיָה לָנוּ הַשֵּׁאת וְהַשָּׁבֶר׃ פַּלְגֵי־מַיִם תֵּרַד
מט עֵינִי עַל־שֶׁבֶר בַּת־עַמִּי׃ עֵינִי נִגְּרָה וְלֹא תִדְמֶה מֵאֵין
נ נא הֲפֻגוֹת׃ עַד־יַשְׁקִיף וְיֵרֶא יְהוָה מִשָּׁמָיִם׃ עֵינִי עוֹלְלָה
נב לְנַפְשִׁי מִכֹּל בְּנוֹת עִירִי׃ צוֹד צָדוּנִי כַּצִּפֹּר אֹיְבַי חִנָּם׃
נג נד צָמְתוּ בַבּוֹר חַיָּי וַיַּדּוּ־אֶבֶן בִּי׃ צָפוּ־מַיִם עַל־רֹאשִׁי
נה אָמַרְתִּי נִגְזָרְתִּי׃ קָרָאתִי שִׁמְךָ יְהוָה מִבּוֹר תַּחְתִּיּוֹת׃
נו קוֹלִי שָׁמָעְתָּ אַל־תַּעְלֵם אָזְנְךָ לְרַוְחָתִי לְשַׁוְעָתִי׃
נז נח קָרַבְתָּ בְּיוֹם אֶקְרָאֶךָּ אָמַרְתָּ אַל־תִּירָא׃ רַבְתָּ אֲדֹנָי
נט רִיבֵי נַפְשִׁי גָּאַלְתָּ חַיָּי׃ רָאִיתָה יְהוָה עַוָּתָתִי שָׁפְטָה
ס מִשְׁפָּטִי׃ רָאִיתָה כָּל־נִקְמָתָם כָּל־מַחְשְׁבֹתָם לִי׃
סא סב שָׁמַעְתָּ חֶרְפָּתָם יְהוָה כָּל־מַחְשְׁבֹתָם עָלָי׃ שִׂפְתֵי קָמַי
סג וְהֶגְיוֹנָם עָלַי כָּל־הַיּוֹם׃ שִׁבְתָּם וְקִימָתָם הַבִּיטָה אֲנִי
סד מַנְגִּינָתָם׃ תָּשִׁיב לָהֶם גְּמוּל יְהוָה כְּמַעֲשֵׂה יְדֵיהֶם׃
סה סו תִּתֵּן לָהֶם מְגִנַּת־לֵב תַּאֲלָתְךָ לָהֶם׃ תִּרְדֹּף בְּאַף
וְתַשְׁמִידֵם מִתַּחַת שְׁמֵי יְהוָה׃

ד א אֵיכָה יוּעַם זָהָב יִשְׁנֶא הַכֶּתֶם הַטּוֹב תִּשְׁתַּפֵּכְנָה
ב אַבְנֵי־קֹדֶשׁ בְּרֹאשׁ כָּל־חוּצוֹת׃ בְּנֵי צִיּוֹן הַיְקָרִים
הַמְסֻלָּאִים בַּפָּז אֵיכָה נֶחְשְׁבוּ לְנִבְלֵי־חֶרֶשׂ מַעֲשֵׂה

תַּנִּים יְדֵי יוֹצֵר׃ גַּם־תַּנִּין חָלְצוּ שַׁד הֵינִיקוּ גּוּרֵיהֶן בַּת־ ג
כַּיְעֵנִים עַמִּי לְאַכְזָר כִּי עֵנִים בַּמִּדְבָּר׃ דָּבַק לְשׁוֹן יוֹנֵק אֶל־ ד
חִכּוֹ בַּצָּמָא עוֹלָלִים שָׁאֲלוּ לֶחֶם פֹּרֵשׂ אֵין לָהֶם׃
הָאֹכְלִים לְמַעֲדַנִּים נָשַׁמּוּ בַּחוּצוֹת הָאֱמֻנִים עֲלֵי תוֹלָע ה
חִבְּקוּ אַשְׁפַּתּוֹת׃ וַיִּגְדַּל עֲוֺן בַּת־עַמִּי מֵחַטַּאת סְדֹם ו
הַהֲפוּכָה כְמוֹ־רָגַע וְלֹא־חָלוּ בָהּ יָדָיִם׃ זַכּוּ נְזִירֶיהָ ז
מִשֶּׁלֶג צַחוּ מֵחָלָב אָדְמוּ עֶצֶם מִפְּנִינִים סַפִּיר גִּזְרָתָם׃
חָשַׁךְ מִשְּׁחוֹר תָּאֳרָם לֹא נִכְּרוּ בַּחוּצוֹת צָפַד עוֹרָם ח
עַל־עַצְמָם יָבֵשׁ הָיָה כָעֵץ׃ טוֹבִים הָיוּ חַלְלֵי־חֶרֶב ט
מֵחַלְלֵי רָעָב שֶׁהֵם יָזוּבוּ מְדֻקָּרִים מִתְּנוּבוֹת שָׂדָי׃
יְדֵי נָשִׁים רַחֲמָנִיּוֹת בִּשְּׁלוּ יַלְדֵיהֶן הָיוּ לְבָרוֹת לָמוֹ י
בְּשֶׁבֶר בַּת־עַמִּי׃ כִּלָּה יהוה אֶת־חֲמָתוֹ שָׁפַךְ חֲרוֹן יא
אַפּוֹ וַיַּצֶּת־אֵשׁ בְּצִיּוֹן וַתֹּאכַל יְסוֹדֹתֶיהָ׃ לֹא הֶאֱמִינוּ יב
כֹּל מַלְכֵי־אֶרֶץ וכל יֹשְׁבֵי תֵבֵל כִּי יָבֹא צַר וְאוֹיֵב בְּשַׁעֲרֵי
יְרוּשָׁלִָם׃ מֵחַטֹּאת נְבִיאֶיהָ עֲוֺנוֹת כֹּהֲנֶיהָ הַשֹּׁפְכִים יג
בְּקִרְבָּהּ דַּם צַדִּיקִים׃ נָעוּ עִוְרִים בַּחוּצוֹת נְגֹאֲלוּ בַּדָּם יד
בְּלֹא יוּכְלוּ יִגְּעוּ בִּלְבֻשֵׁיהֶם׃ סוּרוּ טָמֵא קָרְאוּ לָמוֹ טו
סוּרוּ סוּרוּ אַל־תִּגָּעוּ כִּי נָצוּ גַּם־נָעוּ אָמְרוּ בַּגּוֹיִם לֹא
יוֹסִפוּ לָגוּר׃ פְּנֵי יהוה חִלְּקָם לֹא יוֹסִיף לְהַבִּיטָם פְּנֵי טז
וּזְקֵנִים | עוֹדֵינוּ כֹהֲנִים לֹא נָשָׂאוּ זקנים לֹא חָנָנוּ׃ עודינה תִּכְלֶינָה יז
עֵינֵינוּ אֶל־עֶזְרָתֵנוּ הָבֶל בְּצַפִּיָּתֵנוּ צִפִּינוּ אֶל־גּוֹי לֹא

יח יוֹשִֽׁעַ׃ צָד֣וּ צְעָדֵ֔ינוּ מִלֶּ֖כֶת בִּרְחֹבֹתֵ֑ינוּ קָרַ֥ב קִצֵּ֛נוּ
יט מָלְא֥וּ יָמֵ֖ינוּ כִּי־בָ֥א קִצֵּֽנוּ׃ קַלִּ֤ים הָיוּ֙ רֹֽדְפֵ֔ינוּ מִנִּשְׁרֵ֖י
כ שָׁמָ֑יִם עַל־הֶהָרִ֣ים דְּלָקֻ֔נוּ בַּמִּדְבָּ֖ר אָ֥רְבוּ לָֽנוּ׃ ר֤וּחַ
אַפֵּ֙ינוּ֙ מְשִׁ֣יחַ יְהוָ֔ה נִלְכַּ֖ד בִּשְׁחִיתוֹתָ֑ם אֲשֶׁ֣ר אָמַ֔רְנוּ
כא בְּצִלּ֖וֹ נִחְיֶ֥ה בַגּוֹיִֽם׃ שִׂ֤ישִׂי וְשִׂמְחִי֙ בַּת־אֱד֔וֹם יושבתי יוֹשֶׁ֖בֶת
בְּאֶ֣רֶץ ע֑וּץ גַּם־עָלַ֙יִךְ֙ תַּעֲבָר־כּ֔וֹס תִּשְׁכְּרִ֖י וְתִתְעָרִֽי׃
כב תַּם־עֲוֺנֵךְ֙ בַּת־צִיּ֔וֹן לֹ֥א יוֹסִ֖יף לְהַגְלוֹתֵ֑ךְ פָּקַ֤ד עֲוֺנֵךְ֙
בַּת־אֱד֔וֹם גִּלָּ֖ה עַל־חַטֹּאתָֽיִךְ׃
ה א זְכֹ֤ר יְהוָה֙ מֶה־הָ֣יָה לָ֔נוּ הַבִּ֖יטָ וּרְאֵ֥ה אֶת־חֶרְפָּתֵֽנוּ׃
ב ג נַחֲלָתֵ֙נוּ֙ נֶֽהֶפְכָ֣ה לְזָרִ֔ים בָּתֵּ֖ינוּ לְנָכְרִֽים׃ יְתוֹמִ֤ים הָיִ֙ינוּ֙
ד אין אָ֔ב אִמֹּתֵ֖ינוּ כְּאַלְמָנֽוֹת׃ מֵימֵ֙ינוּ֙ בְּכֶ֣סֶף שָׁתִ֔ינוּ וְאֵ֣ין
ה עֵצֵ֖ינוּ בִּמְחִ֥יר יָבֹֽאוּ׃ עַ֤ל צַוָּארֵ֙נוּ֙ נִרְדָּ֔פְנוּ יָגַ֖עְנוּ לא וְלֹ֥א
ו הֽוּנַֽח־לָֽנוּ׃ מִצְרַ֙יִם֙ נָתַ֣נּוּ יָ֔ד אַשּׁ֖וּר לִשְׂבֹּ֥עַ לָֽחֶם׃
ז ח אֲבֹתֵ֤ינוּ חָֽטְאוּ֙ אינם אנחנו עֲוֺנֹתֵיהֶ֖ם סָבָֽלְנוּ׃ עֲבָדִים֙ וְאֵינָ֔ם | וַאֲנַ֖חְנוּ
ט מָ֣שְׁלוּ בָ֔נוּ פֹּרֵ֖ק אֵ֥ין מִיָּדָֽם׃ בְּנַפְשֵׁ֙נוּ֙ נָבִ֣יא לַחְמֵ֔נוּ מִפְּנֵ֖י
י חֶ֥רֶב הַמִּדְבָּֽר׃ עוֹרֵ֙נוּ֙ כְּתַנּ֣וּר נִכְמָ֔רוּ מִפְּנֵ֖י זַלְעֲפ֥וֹת
יא יב רָעָֽב׃ נָשִׁים֙ בְּצִיּ֣וֹן עִנּ֔וּ בְּתֻלֹ֖ת בְּעָרֵ֥י יְהוּדָֽה׃ שָׂרִים֙
יג בְּיָדָ֣ם נִתְל֔וּ פְּנֵ֥י זְקֵנִ֖ים לֹ֥א נֶהְדָּֽרוּ׃ בַּחוּרִים֙ טְח֣וֹן נָשָׂ֔אוּ
יד וּנְעָרִ֖ים בָּעֵ֥ץ כָּשָֽׁלוּ׃ זְקֵנִים֙ מִשַּׁ֣עַר שָׁבָ֔תוּ בַּחוּרִ֖ים
טו מִנְּגִינָתָֽם׃ שָׁבַת֙ מְשׂ֣וֹשׂ לִבֵּ֔נוּ נֶהְפַּ֥ךְ לְאֵ֖בֶל מְחֹלֵֽנוּ׃
טז יז נָֽפְלָה֙ עֲטֶ֣רֶת רֹאשֵׁ֔נוּ אֽוֹי־נָ֥א לָ֖נוּ כִּ֥י חָטָֽאנוּ׃ עַל־זֶ֗ה

הָיָ֤ה דָוֶה֙ לִבֵּ֔נוּ עַל־אֵ֖לֶּה חָשְׁכ֥וּ עֵינֵֽינוּ׃ עַ֤ל הַר־צִיּוֹן֙ יח
שֶׁשָּׁמֵ֔ם שׁוּעָלִ֖ים הִלְּכוּ־בֽוֹ׃ אַתָּ֤ה יהוה֙ לְעוֹלָ֣ם תֵּשֵׁ֔ב יט
כִּסְאֲךָ֖ לְד֥וֹר וָדֽוֹר׃ לָ֤מָּה לָנֶ֙צַח֙ תִּשְׁכָּחֵ֔נוּ תַּעַזְבֵ֖נוּ כ
לְאֹ֥רֶךְ יָמִֽים׃ הֲשִׁיבֵ֨נוּ יהוה ׀ אֵלֶ֙יךָ֙ וְנָשׁ֔וּבָ חַדֵּ֥שׁ יָמֵ֖ינוּ כא
כְּקֶֽדֶם׃ כִּ֚י אִם־מָאֹ֣ס מְאַסְתָּ֔נוּ קָצַ֥פְתָּ עָלֵ֖ינוּ עַד־ כב
מְאֹֽד׃

נוהגים שהקהל אומר את הפסוק 'הֲשִׁיבֵנוּ' בקול רם (רמ"א תקנט, א).
והיום מקובל לומר בקול רם רק 'הֲשִׁיבֵנוּ' לאחר הקריאה,
ושליח הציבור חוזר ואומר אותו שוב אחרי הקהל:

השיבנו יהוה אליך ונשובה חדש ימינו כקדם

אֵיכָה?

מגילת איכה של הנפש

פרק א

ריקנות

וַיֵּצֵא מִבַּת צִיּוֹן כָּל הֲדָרָהּ

אובדן המשמעות

פרק א במגילת איכה מתאר את תחושת השיממון והבדידות של אדם, חברה ואומה – שאיבדו את המשמעות לחייהם. הפרק, הבנוי מעשרים ושניים פסוקים על פי סדר אותיות הא"ב, מקיף את הריקנות המסובבת את החיים ללא נקודות ציון של זהות ומשמעות – מאל"ף עד תי"ו – מלמטה ועד למעלה: החל מתחושות בדידות וצער שגורמות לריקנות ושיעמום; שבר מנהיגותי; התדרדרות לתאוות והתפרקות יצרית; ומשם למלחמות וקריסה לאומית.

(א) אֵיכָה יָשְׁבָה בָדָד הָעִיר רַבָּתִי עָם הָיְתָה כְּאַלְמָנָה רַבָּתִי בַגּוֹיִם שָׂרָתִי בַּמְּדִינוֹת הָיְתָה לָמַס׃

איך הגענו למצב שבו אנו חשים בדידות כה גדולה? בעבר חיינו היו מלאים במשמעות שחוללה תסיסה חברתית בריאה ("רבתי עם"). העוצמה הייתה כה גדולה עד שהתחילה להשפיע גם על התרבות העולמית ("גויים" ו"מדינות"). וכעת אנו נעים רק מכוח ההרגל; משא החיים אינו ממלא אותנו בשמחה ובאנרגטיות אלא נדמה כמועקה ("מס") שנכפית עלינו ואנו מחויבים לשַלמה.

(ב) בָּכוֹ תִבְכֶּה בַּלַּיְלָה וְדִמְעָתָהּ עַל לֶחֱיָהּ אֵין לָהּ מְנַחֵם מִכָּל אֹהֲבֶיהָ כָּל רֵעֶיהָ בָּגְדוּ בָהּ הָיוּ לָהּ לְאֹיְבִים׃

במהלך היום־יום סערות החיים מאפשרות להדחיק מעט את תחושות התסכול והגלמודיות; אולם בלילה, בזמן שבו מנותק אדם מהרעש התקשורתי והחברתי, מתברר לו שהוא מצוי ללא נחמה וללא משמעות לחייו; כל הרֵעים המדומים – חברה, מותרות ובידור – מתגלים כבוגדניים ומזיקים.

(ג) גָּלְתָה יְהוּדָה מֵעֹנִי וּמֵרֹב עֲבֹדָה הִיא יָשְׁבָה בַגּוֹיִם לֹא מָצְאָה מָנוֹחַ כָּל רֹדְפֶיהָ הִשִּׂיגוּהָ בֵּין הַמְּצָרִים׃

גלינו והתרחקנו בנפשנו מהתכונה הלאומית שלנו – ההודאה לבורא עולם ("יהודי" מלשון הודאה) – וזאת עקב עוני דעת ומרוב טרדות החיים ("עבודה"). ניסינו למצוא מנוחה בתרבויות זרות ("גויים"), אולם ללא הועיל. הפחדים והשדים שרדפו אותנו אכן השיגונו, בעת שנותרנו בקטנוניות וצרות אופקים ("בין המצרים").

(ד) דַּרְכֵי צִיּוֹן אֲבֵלוֹת מִבְּלִי בָּאֵי מוֹעֵד כָּל שְׁעָרֶיהָ שׁוֹמֵמִין כֹּהֲנֶיהָ נֶאֱנָחִים בְּתוּלֹתֶיהָ נוּגוֹת וְהִיא מַר לָהּ׃

למרות שאנו מוקפים בהמולת אנשים ותקשורת, הדרך להצביע על המשמעות ("ציון") בחיינו אבדה לנו, מפני שאין לנו יכולת להזדהות

ולהתחבר ("להתוועד") עם נשמתנו, ולכן אנו אבלים. הדמויות שאמורות להנחות אותנו לעבודה רוחנית ("כוהנים") שבורות, והחוויות הראשוניות של החיים איבדו מקיסמן עוד טרם מימושן ("בתולות"); כל אלה מביאים לתחושות מרירות ועצב.

(ה) הָיוּ צָרֶיהָ לְרֹאשׁ אֹיְבֶיהָ שָׁלוּ כִּי ה׳ הוֹגָהּ עַל רֹב פְּשָׁעֶיהָ עוֹלָלֶיהָ הָלְכוּ שְׁבִי לִפְנֵי צָר׃

צרות המחשבה והפלורליסטיות הופכות לראש התרבות, וגורמות לפנות לשלום ("שלו") לאויבים במקום להיאבק מולם בקומה זקופה. זהו תוצר הפער – הפסע ("פשע") – בין המבט האלוהי העליון שמעבר להווה ("י־ה־ו־ה") שאליו אנו אמורים לשאת עיניים, ובין מצבנו הנוכחי; פער שמביא ליגון ("הוגה") עמוק. היצירות העתידיות שלנו ("עוללים") נפלו בידי תרבויות זרות, שצוררות אותנו.

(ו) וַיֵּצֵא מִבַּת צִיּוֹן כָּל הֲדָרָהּ הָיוּ שָׂרֶיהָ כְּאַיָּלִים לֹא מָצְאוּ מִרְעֶה וַיֵּלְכוּ בְּלֹא כֹחַ לִפְנֵי רוֹדֵף׃

ברגע שאובדת היכולת לזהות ("לציין") את מהות החיים, אובדת מהם כל תחושת היופי ("הדר"). המנהיגים הפוליטיים ("שריה") – במקום להיות חזקים וזריזים ("איילים") ומובילים את צאן מרעיתם בקומה זקופה – אינם מוצאים כר פעולה ("מרעה"); הם משוטטים חלשים, חסרי כיוון ורדופים מדעת הקהל.

(ז) זָכְרָה יְרוּשָׁלִַם יְמֵי עָנְיָהּ וּמְרוּדֶיהָ כֹּל מַחֲמֻדֶיהָ אֲשֶׁר הָיוּ מִימֵי קֶדֶם בִּנְפֹל עַמָּהּ בְּיַד צָר וְאֵין עוֹזֵר לָהּ רָאוּהָ צָרִים שָׂחֲקוּ עַל מִשְׁבַּתֶּהָ׃

אחד הדברים הקשים ביותר הוא זיכרון התפארת שהייתה בימי העבר; אז ראינו את השלמות ("ירו־שלם"), והיא גרמה לנו תחושת עונג ונחמדות.

אולם כעת, כשהתודעה הלאומית מצויה בצרות אופקים, אנו בודדים ונתונים לשחוק וללעג על הרפיסות וחוסר האונים ("השבתה") שלנו.

(ח) חֵטְא חָטְאָה יְרוּשָׁלַםִ עַל כֵּן לְנִידָה הָיָתָה כָּל מְכַבְּדֶיהָ הִזִּילוּהָ כִּי רָאוּ עֶרְוָתָהּ גַּם הִיא נֶאֶנְחָה וַתָּשָׁב אָחוֹר:

ההתכחשות לעצמנו ("חטא"), למשמעות ולשלמות שנראו בחיינו ("ירו־שלם") – באה מתוך אשליה שהיא תביא לנו כבוד ולייקים; אולם מתברר שההתכחשות למקורותינו – גרמה לתוצאה הפוכה: כולם נדים לנו בבוז כראותם דם של פוטנציאל חיים שלא התממשו ("נידה"); ואלה שכיבדו אותנו, רואים אותנו כעת בקלוננו ("ערוותנו"); והגרוע מכל – אנחנו עצמנו אט־אט מודעים לכך, נאנחים בייאוש ונסוגים אחור מכל חלומותינו.

(ט) טֻמְאָתָהּ בְּשׁוּלֶיהָ לֹא זָכְרָה אַחֲרִיתָהּ וַתֵּרֶד פְּלָאִים אֵין מְנַחֵם לָהּ רְאֵה ה' אֶת עָנְיִי כִּי הִגְדִּיל אוֹיֵב:

למרבה המבוכה, "דם הנידה" שעבורו "מנידים" לנו ראש הוא רק קצה הקרחון ("שוליים") של חטאינו. אנו מפחדים מאוד על תדמיתנו ולכן מסתירים את עומק השפל שהתדרדרנו אליו מפני שלא חשבנו מלכתחילה על תוצאת ("אחרית") חטאינו; אולם האמת היא שהתנוונו באופן מפליא עד שאין לנו נחמה. בעת שאנו עומדים מול האידיאל העתידי הרצוי ("י־ה־ו־ה") – הדלות האישיותית מובלטת, וההתנגדות הפנימית ("אויב") בתוכנו גדלה מיום ליום.

(י) יָדוֹ פָּרַשׂ צָר עַל כָּל מַחֲמַדֶּיהָ כִּי רָאֲתָה גוֹיִם בָּאוּ מִקְדָּשָׁהּ אֲשֶׁר צִוִּיתָה לֹא יָבֹאוּ בַקָּהָל לָךְ:

צרות המוחין פושטת את ידה על גם התכנים היפים והעמוקים ביותר ("מחמדיה") של היהדות; התפיסות התרבויות של הגויים – שבעבר לא הוכשרו כלל לבוא בקהל ישראל – נכנסות אל עולם הקודש פנימה ומתיימרות להחליף אותו.

(יא) כָּל עַמָּהּ נֶאֱנָחִים מְבַקְּשִׁים לֶחֶם נָתְנוּ מַחֲמַדֵּיהֶם בְּאֹכֶל לְהָשִׁיב נָפֶשׁ רְאֵה ה׳ וְהַבִּיטָה כִּי הָיִיתִי זוֹלֵלָה׃

התרבות הישראלית והעולמית זועקות ל"לחם" – לתכנים שילחימו ויחברו בין חיי החומר לבין משמעותם הרוחנית; ובינתיים, על מנת לשרוד אנו נאלצים למכור את היקר לנו כדי להשיב מעט את נפשנו בריגושים דלים כמוסיקה ובידור. כשאנו מביטים על כך מנקודת מבט א-לוהית שמעבר להווה ("י-ה-ו-ה"), אנו מבינים כמה זלילה וסיאוב, זולות וזלזול ישנם במצבנו הנוכחי.

(יב) לוֹא אֲלֵיכֶם כָּל עֹבְרֵי דֶרֶךְ הַבִּיטוּ וּרְאוּ אִם יֵשׁ מַכְאוֹב כְּמַכְאֹבִי אֲשֶׁר עוֹלַל לִי אֲשֶׁר הוֹגָה ה׳ בְּיוֹם חֲרוֹן אַפּוֹ׃

רבים באנושות מחפשים את דרכם בחיים, אולם מכיוון שמלכתחילה הם לא באו בשם התרבות היהודית – גם טעותם וכאבם הם נסבלים. לעומתם המכאוב של עם ישראל, בעל השאיפות האדירות, הוא אדיר; הפער בין המצב הנוכחי לבין האידיאל ("י-ה-ו-ה") גורם ליגון ("הוגה") וכעס.

(יג) מִמָּרוֹם שָׁלַח אֵשׁ בְּעַצְמֹתַי וַיִּרְדֶּנָּה פָּרַשׂ רֶשֶׁת לְרַגְלַי הֱשִׁיבַנִי אָחוֹר נְתָנַנִי שֹׁמֵמָה כָּל הַיּוֹם דָּוָה׃

תלמידי החכמים, שנמשלים לעצמות השלד שמחזיק את הגוף, מאבדים מהשפעתם ("נשרפים באש") ונשלטים ("נרדים") בידי תרבות זרה שמגלגלת עלינו ההשגחה הא-לוהית; זוהי מלכודת רוחנית שיוצרת נסיגה לאחור, שימָמון תרבותי וכאב ("דווי").

(יד) נִשְׂקַד עֹל פְּשָׁעַי בְּיָדוֹ יִשְׂתָּרְגוּ עָלוּ עַל צַוָּארִי הִכְשִׁיל כֹּחִי נְתָנַנִי אֲדֹנָי בִּידֵי לֹא אוּכַל קוּם׃

הפשעים שלנו, תוצר הפערים בין הפוטנציאל שלנו לבין המצב בפועל, הם מתמידים ("נשקדים"); ה׳ אינו מעלים עינו מהם ושוקד על עונשנו; ומכיוון שכך הפשעים מסתעפים ומתפתלים ("משתרגים") וחונקים את כוחנו. ההתנהלות לאור ה׳, שהוא בסיס ("א-דני" כמו "אדן החלון")

חיינו, דורשת רף – שבעת שלא עומדים בו – גורמת לנפילה שנדמית ללא תקומה.

(טו) סִלָּה כָל אַבִּירַי אֲדֹנָי בְּקִרְבִּי קָרָא עָלַי מוֹעֵד לִשְׁבֹּר בַּחוּרָי גַּת דָּרַךְ אֲדֹנָי לִבְתוּלַת בַּת יְהוּדָה:

קשיות ("אבירות") הלב שבקרבנו נרמסת ("נסללת") בידי ה' על מנת לסלול דרך חיים חדשה ומתוקנת יותר. ישנם זמנים מיוחדים – ימי החורבן – שבהם אנו נזכרים כיצד כוחותינו ("בחורינו") נשברו; ויתרה מזאת, גם הפוטנציאל של ההודאה לה' שלא מומש עדיין ("בתולת בת יהודה") – נמעך כזיתים וענבים ב"גת" כאשר מעמתים ומאמתים אותו מול האמת האלוהית; כלומר, תחושות ההחמצה הן נוראיות.

(טז) עַל אֵלֶּה אֲנִי בוֹכִיָּה עֵינִי עֵינִי יֹרְדָה מַּיִם כִּי רָחַק מִמֶּנִּי מְנַחֵם מֵשִׁיב נַפְשִׁי הָיוּ בָנַי שׁוֹמֵמִים כִּי גָבַר אוֹיֵב:

דמעות בכי ("ירידת מים") מגיעות כאשר אדם נתקל בגודל – פיסי ונפשי – שהוא אינו יכול לעכל (כדוגמת מבט ישיר אל קרני השמש, מפגש עם שמחה גדולה או צער גדול). בהקשר שלנו: למרות הכלים האדירים – המדעיים, הטכנולוגיים והתרבותיים – שיש לנו בדורנו, אין אנו מסוגלים לעכל, להתנחם ולהשיב את שלוות נפשנו מול הכאב האדיר; האויב שבתוכנו מחדיר ארס של שיעמום ושיממון.

(יז) פֵּרְשָׂה צִיּוֹן בְּיָדֶיהָ אֵין מְנַחֵם לָהּ צִוָּה ה' לְיַעֲקֹב סְבִיבָיו צָרָיו הָיְתָה יְרוּשָׁלַםִ לְנִדָּה בֵּינֵיהֶם:

אנו פורשים כפינו בייאוש ומחפשים ציוני דרך ומשמעות ("ציון") – ואיננו מוצאים מנחה ומנחם; קומתנו כולה מצויה בהתקפה שנגזרה ("צווה") עלינו בידי ה': הצד החומרי־לאומי, הנושק לעקב ("יעקב"), מצוי בצרות צרורות, פיגועים ומלחמות; ואילו הצד התודעתי המופשט, הנושק לשלמות ("ירו־שלם"), מסובב בצרות אופקים הגורמת לביזוי ולנידוי כלפיו.

(יח) צַדִּיק הוּא ה׳ כִּי פִיהוּ מָרִיתִי שִׁמְעוּ נָא כָל הָעַמִּים וּרְאוּ מַכְאֹבִי בְּתוּלֹתַי
וּבַחוּרַי הָלְכוּ בַשֶּׁבִי:

כאשר מעמידים מול פנינו מראה של חזון הצדק הא־לוהי המופשט, העליון והעתידי ("צדיק הוא י־ה־ו־ה"), נאלץ למלמל במבוכה שמרדנו ובגדנו בו. זהו כאב אדיר הגלוי לבושתנו לעין כול. הראשוניות הלא־ממומשת ("בתולות") והעוצמה ("בחורים") של חיינו – הלכו לכאורה ללא שוב.

(יט) קָרָאתִי לַמְאַהֲבַי הֵמָּה רִמּוּנִי כֹּהֲנַי וּזְקֵנַי בָּעִיר גָּוָעוּ כִּי בִקְשׁוּ אֹכֶל לָמוֹ
וְיָשִׁיבוּ אֶת נַפְשָׁם:

ה"מאהבים" התרבותיים הזרים – שעליהם הטלנו את יהבנו לאחר שהתנתקנו ממסורת התורה – התבררו כרמאים חסרי ערך; לא מהם נקבל אהבה. אפילו השאיפות הרוחניות ("כוהנים") וניסיון החוכמה האנושית ("זקנים"), בעת שעומדים בפני עצמם – מכזיבים הם; כולנו מתחננים למזון רוחני עמוק שישיב את הנפש ויעניק מעט סיפוק ומשמעות – וללא הועיל.

(כ) רְאֵה ה׳ כִּי צַר לִי מֵעַי חֳמַרְמָרוּ נֶהְפַּךְ לִבִּי בְּקִרְבִּי כִּי מָרוֹ מָרִיתִי מִחוּץ
שִׁכְּלָה חֶרֶב בַּבַּיִת כַּמָּוֶת:

הצרות והקטנוניות האופפות אותנו מכל עבר גורמות לקיבה להתלהט (כיין "חֶמֶר" אדום) ולנו תחושת קבס. ברגע שהמרנו את פי ה׳ וניסינו להמיר את דברו בזיופים בגדנו בעצמיותנו ("הפכנו את ליבנו"). כאשר הזהות העצמית וצדקת הדרך נאבדות – החוסן הלאומי מתערער ואנו מותקפים בחרב אויב; והמוות התבוסתני והמיואש – מקנן בבית פנימה.

(כא) שָׁמְעוּ כִּי נֶאֱנָחָה אָנִי אֵין מְנַחֵם לִי כָּל אֹיְבַי שָׁמְעוּ רָעָתִי שָׂשׂוּ כִּי אַתָּה
עָשִׂיתָ הֵבֵאתָ יוֹם קָרָאתָ וְיִהְיוּ כָמוֹנִי:

השמחה לאיד על ייאושנו מתגברת כאשר אויבינו מודעים לכך שאכן זהו עונש הולם וצודק בידי אלוהים ("כי אתה עשית"). אולם המודעות

שלהם לדין הצדק האלוהי מאפשרת לנו לשאת את התפילה שהלוואי שאותו יום פורענות שהביא ה׳ עלינו, יונחת גם על ראשם. דהיינו, הבירור על ייעודו של עם ישראל (וענשו על אי־מילוי תפקידו) יגרום גם לאמת גדולה יותר שתתגלה וממילא לקריסת תרבויות הנכר.

(כב) תָּבֹא כָל רָעָתָם לְפָנֶיךָ וְעוֹלֵל לָמוֹ כַּאֲשֶׁר עוֹלַלְתָּ לִי עַל כָּל פְּשָׁעָי כִּי רַבּוֹת אַנְחֹתַי וְלִבִּי דַוָּי:

ככל שההיסטוריה תתקדם, כך יתברר הרוע שבתרבויות השקר, ויתרחש להן ("עולל למו") את אשר קרה לישראל – קריסה שתוביל במהלך מסובב לצמיחה. לעת עתה, כל שנותר הוא להיאנח ולדאוב.

פרק ב

בערות

מַלְכָּהּ וְשָׂרֶיהָ בַגּוֹיִם, אֵין תּוֹרָה

אובדן התודעה

פרק ב במגילת איכה חושף לפנינו רובד עמוק יותר בשבר הגלותי – אובדן התורה! לכאורה הפיתוח הלמדני של תורת ישראל לא פסק במהלך אלפי שנות גלות, ואפילו התרבה מבחינה כמותית; אולם הפרק מספר לנו כי התורה במשמעותה האיכותית – תוכן לימודי שמעצים את החיים הלאומיים, החברתיים והאישיים – אבדה מאיתנו. גם כיום, כשאנו מצויים בתחילתה של גאולת ישראל, אנו חשים ביתר שאת את גלי ההדף של אובדן התורה. אנו מצויים בתרבות פוסט־מודרנית שמעודדת שטחיות ורדידות; עולם שמעצים את כוחות הרגש והדמיון, ובז למסורת, להעמקה ולחשיבה המופשטת. על אלה אני בוכייה.

(א) אֵיכָה יָעִיב בְּאַפּוֹ אֲדֹנָי אֶת בַּת צִיּוֹן הִשְׁלִיךְ מִשָּׁמַיִם אֶרֶץ תִּפְאֶרֶת יִשְׂרָאֵל וְלֹא זָכַר הֲדֹם רַגְלָיו בְּיוֹם אַפּוֹ:
איך הגענו למצב שבו הכעס ("האף") הא־לוהי גורם לעננים ("עבים") קודרים לכסות את שמינו? תורתו המפוארת של עם ישראל אמורה הייתה להעניק לתודעתנו ציוני דרך ("בת ציון"), אולם עקב חטאינו הושלכנו ממדרגה שמיימית זו אל קרקע השטחיות והבורות. אנו אמורים להיות הבסיס הארצי ("הדום") להנהגותיו ("רגליו") של ה'; וביום כעסו אנו כביכול נשכחים ממנו.

(ב) בִּלַּע אֲדֹנָי וְלֹא חָמַל אֵת כָּל נְאוֹת יַעֲקֹב הָרַס בְּעֶבְרָתוֹ מִבְצְרֵי בַת יְהוּדָה הִגִּיעַ לָאָרֶץ חִלֵּל מַמְלָכָה וְשָׂרֶיהָ:
חמת הזעם הא־לוהית מכלה ("מבלעת") את הכול ללא רחם: ארמונות היופי ("נאות") של הענווה ("יעקב" כדוגמת "עקב הרגל") והמבצרים של ההודאה לה' ("בת יהודה") נהרסו והושפלו לארץ; כלומר ממלכת התורה ולומדיה ("שריה"), שבהם לומדים להתמלא בענווה ולהודות לה', הופקעו מקדושתם והתחולל בתרבות שבר תודעתי ומוסרי.

(ג) גָּדַע בָּחֳרִי אַף כֹּל קֶרֶן יִשְׂרָאֵל הֵשִׁיב אָחוֹר יְמִינוֹ מִפְּנֵי אוֹיֵב וַיִּבְעַר בְּיַעֲקֹב כְּאֵשׁ לֶהָבָה אָכְלָה סָבִיב:
הנהגתה המזהירה ("קרן") של חוכמת ישראל נגדעה בכעס הא־לוהי, והגנתו החזקה ("ימינו") של ה' נסוגה אחור מלהגן עלינו בעת התקפת האויב. תכונת הענווה הישראלית ("יעקב") נשרפת באש, כי העם היהודי לא התנהל על פיה.

(ד) דָּרַךְ קַשְׁתּוֹ כְּאוֹיֵב נִצָּב יְמִינוֹ כְּצָר וַיַּהֲרֹג כֹּל מַחֲמַדֵּי עָיִן בְּאֹהֶל בַּת צִיּוֹן שָׁפַךְ כָּאֵשׁ חֲמָתוֹ:
כדוגמת אדם המזהה אויב ("צר") לימינו ודורך קשתו, כך לבושתנו מתייצבת מולנו האמת הא־לוהית ומשביתה ("הורגת") את שמחתנו מכל הנחמד והיפה. החוסן שלנו כעת הוא ארעי ושברירי ("אוהל"); ועקב

הכעס הא-לוהי, אנו מתבלבלים ו"נשרפת באש" יכולתנו לציין ("בת ציון") את העולם הערכי.

(ה) הָיָה אֲדֹנָי כְּאוֹיֵב בִּלַּע יִשְׂרָאֵל בִּלַּע כָּל אַרְמְנוֹתֶיהָ שִׁחֵת מִבְצָרָיו וַיֶּרֶב בְּבַת יְהוּדָה תַּאֲנִיָּה וַאֲנִיָּה:

תכונתו של העם היהודי היא להודות לה' ("בת יהודה"), היינו להיות בעמדה של הכרת הטוב מול הגודל הא-לוהי; עמדה נפשית שמביאה לשמחה וטוב לבב. כעת, בזמן החורבן, כשהבאנו עצמנו למצב שבו הכוח הא-לוהי עומד מולנו כאויב; למצב שבו הוא הורס ו"בולע" את ארמונות ומבצרי התודעה שלנו ומתעמת ("רב") עמנו; כל אלה מביאים לתחושות אנינות ו"אין" ("תאניה ואניה"), היינו לרגשות חוסר וצער אדירים.

(ו) וַיַּחְמֹס כַּגַּן שֻׂכּוֹ שִׁחֵת מֹעֲדוֹ שִׁכַּח ה' בְּצִיּוֹן מוֹעֵד וְשַׁבָּת וַיִּנְאַץ בְּזַעַם אַפּוֹ מֶלֶךְ וְכֹהֵן:

בזמן בית המקדש היינו "גנו" ו"סוכתו" של ה'; חיי התורה גרמו לנו פריחה ורגעי התוועדות ("מועד"); כעת כל אלו נחמסו, נחסמו ונשחתו. התוכן העתידי והעליון של ההווה ("י־ה־ו־ה") – שציינו את נוכחותו ברגעי חיבור ושיבה אל המקור ("מועד ושבת") – נשכח והפך לזיכרון רחוק. ההנהגות הפוליטיות והרוחניות ("מלך וכהן") קוללו בזעם אפו של אלוהים.

(ז) זָנַח אֲדֹנָי מִזְבְּחוֹ נִאֵר מִקְדָּשׁוֹ הִסְגִּיר בְּיַד אוֹיֵב חוֹמֹת אַרְמְנוֹתֶיהָ קוֹל נָתְנוּ בְּבֵית ה' כְּיוֹם מוֹעֵד:

המזבח והמקדש – הן הממשיים והן אלה המצויים בליבנו – נזנחו ונשרפו באור ("נאר") בידי ה'. הרעיונות התורניים ("ארמונות") והגדרים והתוספות שחז"ל הקיפו אותם בהם ("חומות") – הוסגרו לידי "אויב" שמעוות את כוונתם המקורית; אנשים זחוחים שמפרשים את התורה בניתוק ממסורת הדורות ומציגים זאת כיהדות. אויבים אלה משמיעים קול מזויף של קדושה ושמחה, כביכול הם מצויים ביום חג ומועד בבית ה'.

(ח) חָשַׁב ה׳ לְהַשְׁחִית חוֹמַת בַּת צִיּוֹן נָטָה קָו לֹא הֵשִׁיב יָדוֹ מִבַּלֵּעַ וַיַּאֲבֶל חֵל וְחוֹמָה יַחְדָּו אֻמְלָלוּ:

במובן מסוים החורבן היה בלתי נמנע: המבט הא־לוהי והעתידי (״י־ה־ו־ה״) חישב מזמן ״לנטות קו״ על ״חומות בת ציון״, היינו למוטט את מערכות ההגנה של עולם הערכים היהודי שאיבד ממשמעותו בלבבות. ואכן הגזרה ״לבלוע״ את הכול לא שבה אחור – וגרמה לאבלות ולחורבן של החיל וההגנה (״חל וחומה״) התורניים, שהגיעו כאמור למצב אומלל.

(ט) טָבְעוּ בָאָרֶץ שְׁעָרֶיהָ אִבַּד וְשִׁבַּר בְּרִיחֶיהָ מַלְכָּהּ וְשָׂרֶיהָ בַגּוֹיִם אֵין תּוֹרָה גַּם נְבִיאֶיהָ לֹא מָצְאוּ חָזוֹן מֵה׳:

ה״שער״ ו״הבריח״ לקיום היהודי הם התורה, ששקעה ואבדה כעת; וזאת מדוע? כי בעת שאין לאומיות וריבונות (״מלכה ושריה״) – אזי גם אובדת יכולת היצירה התורנית. לכאורה העם היהודי ממשיך ללמוד תורה גם בגלות, אולם בעת שאנו מנותקים מחיים ארציים ונורמליים אין נבואה; התורה הגלותית מאפשרת לנו לשרוד מבחינה הלכתית וטכנית, אבל ה״חזון״ – שאר הרוח המגיע מעולם העתיד (״י־ה־ו־ה״) – אינו בנמצא; כגוף ללא נשמה.

(י) יֵשְׁבוּ לָאָרֶץ יִדְּמוּ זִקְנֵי בַת צִיּוֹן הֶעֱלוּ עָפָר עַל רֹאשָׁם חָגְרוּ שַׂקִּים הוֹרִידוּ לָאָרֶץ רֹאשָׁן בְּתוּלֹת יְרוּשָׁלִָם:

בעת שההווה הוא כה עגום – גם חוויות העבר וגם הציפיות לעתיד ״מרכינות ראשן״: מחד, הזקנים שקנו חוכמה וידעו ״לציין״ בעבר את נקודות המשמעות בחיינו – מתאבלים וחוגרים שק על אובדן הנבואה; מאידך, הציפיות העתידיות, שעדיין לא מומשו, לראות עולם טהור שלם (״בתולות ירו־שלם״) – מצויות בדכדוך מחשש העתיד.

(יא) כָּלוּ בַדְּמָעוֹת עֵינַי חֳמַרְמְרוּ מֵעַי נִשְׁפַּךְ לָאָרֶץ כְּבֵדִי עַל שֶׁבֶר בַּת עַמִּי בֵּעָטֵף עוֹלֵל וְיוֹנֵק בִּרְחֹבוֹת קִרְיָה:

תחושות התסכול על ״שבר בת עמי״ – הרוחני והפיסי – הן אדירות:

ה"עיניים", שהן ביטוי לראייה השכלית – מתמלאות בדמעות וטשטוש; ה"מעיים", שהם ביטוי לרגשות – מתלהטים (כיין "חמר" בצבע אדמדם) וחשים בחילה; ה"כבד" המלא דם, עוצמה וחיוניות – "נשפך" על קרקע המציאות המדכדכת. גם ה"עוללים והיונקים" – ילדי העתיד הקטנים שמנסים לינוק מעט חום ועידוד – מוצאים עצמם מתכסים ("מתעטפים") בשמיכה בלויה ברחובה של עיר.

(יב) לְאִמֹּתָם יֹאמְרוּ אַיֵּה דָּגָן וָיָיִן בְּהִתְעַטְּפָם כֶּחָלָל בִּרְחֹבוֹת עִיר בְּהִשְׁתַּפֵּךְ
נַפְשָׁם אֶל חֵיק אִמֹּתָם׃

דור העתיד שואל כביכול את נשמתו ("אמו") – היכן חוכמת התורה המזינה שתתווה לנו דרך? השאלה מופנית הן כלפי חוכמת התורה הגלויה ("דגן" מייצג את הלחם שמזין את הגוף הגלוי) והן כלפי החוכמה הפנימית ("יין" הוא נוזל שחושף את הגנוז בנפש אדם). אנו שואלים זאת בעת שאנו מתכסים ("מתעטפים") בתכריכים כחללי חרב ברחובות העיר, ונפשנו מתגעגעת ("משתפכת") אל מקורה ("חיק אמה").

(יג) מָה אֲעִידֵךְ מָה אֲדַמֶּה לָּךְ הַבַּת יְרוּשָׁלִַם מָה אַשְׁוֶה לָּךְ וַאֲנַחֲמֵךְ בְּתוּלַת
בַּת צִיּוֹן כִּי גָדוֹל כַּיָּם שִׁבְרֵךְ מִי יִרְפָּא לָךְ׃

מה ניתן לענות על שאלה זו? הכאב והשבר על חורבן עם ישראל והתורה אינם דומים ואינם שווים לשום כאב בעולם. אין אנו מתאבלים על אובדן חומרי לבדו אלא על אובדן השלמות ("בת ירו־שלם") וציון המשמעות שלא מומשה עדיין ("בתולת בת ציון"). בעת שנאבדת מן העולם משמעותו הרוחנית, הכאב הרי הוא כים שאין לו סוף; ומי יכול לרפא זאת?

(יד) נְבִיאַיִךְ חָזוּ לָךְ שָׁוְא וְתָפֵל וְלֹא גִלּוּ עַל עֲוֺנֵךְ לְהָשִׁיב שְׁבוּתֵךְ וַיֶּחֱזוּ לָךְ
מַשְׂאוֹת שָׁוְא וּמַדּוּחִים׃

חלק מאובדן התורה הוא "נבואות השקר" – הצגת רעיונות תורניים באופן מוטעה ומזויף; אלה מתבררים כחזיונות שווא וחסרי ממשות וטעם

("תפל"). הניסיון להתאים את התורה לאידאלים אופנתיים אינו יכול באמת להצביע ("לגלות") על העוונות הדורשים תיקון ולהשיב אותנו בתשובה. בהתאם לזאת הנביאים הללו נושאים נאומי שקר ("משאות שוא") ומדיחים לדבר עבירה.

(טו) סָפְקוּ עָלַיִךְ כַּפַּיִם כָּל עֹבְרֵי דֶרֶךְ שָׁרְקוּ וַיָּנִעוּ רֹאשָׁם עַל בַּת יְרוּשָׁלָ͏ִם הֲזֹאת הָעִיר שֶׁיֹּאמְרוּ כְּלִילַת יֹפִי מָשׂוֹשׂ לְכָל הָאָרֶץ:
התרבות העולמית כולה סופקת כפיה בתמיהה ובבוז ("שריקה") על חורבן התורה: הייתכן שהמקור העולמי לשלמות ("בת ירו־שלם") ולערכים יגיע למצב מעין זה? תורת ישראל, שאמורה להעניק לאנושות יופי מושלם ושמחה – תידחק לקרן זווית?

(טז) פָּצוּ עָלַיִךְ פִּיהֶם כָּל אֹיְבַיִךְ שָׁרְקוּ וַיַּחַרְקוּ שֵׁן אָמְרוּ בִּלָּעְנוּ אַךְ זֶה הַיּוֹם שֶׁקִּוִּינֻהוּ מָצָאנוּ רָאִינוּ:
התמיהה גם מיתרגמת לשמחה לאיד; במשך דורות שימשה התרבות הישראלית גורם מאיים ומאתגר למוסר האנושי, וכעת האויבים כולם "פוצים פה", מזלזלים ("שורקים"), חורקים שן ומסננים בזעם עצור: "סוף סוף הגיע היום שקיווינו לו; היום שבו 'נבלעה' התרבות הישראלית והפסיקה להתנשא עלינו ולהטריד אותנו".

(יז) עָשָׂה ה׳ אֲשֶׁר זָמָם בִּצַּע אֶמְרָתוֹ אֲשֶׁר צִוָּה מִימֵי קֶדֶם הָרַס וְלֹא חָמָל וַיְשַׂמַּח עָלַיִךְ אוֹיֵב הֵרִים קֶרֶן צָרָיִךְ:
צרות האופקים התרבותית של האויב, שמצויה כעת בשמחה ובתחושת עליונות ("הרמת קרן"), אינה קולטת שחורבן התורה המתחולל מול עיניהם גם הוא חלק מהתוכנית ש"זמם" אלוהים: זהו "ביצוע" והוצאה לפועל של עיקרון קדום שדורש מעם ישראל לממש את ייעודו בעולם, ובעת שאינו עושה זאת מתרחש הרס אכזרי וחסר חמלה – שיחולל בסופו של דבר צמיחה חדשה.

(יח) צָעַק לִבָּם אֶל אֲדֹנָי חוֹמַת בַּת צִיּוֹן הוֹרִידִי כַנַּחַל דִּמְעָה יוֹמָם וָלַיְלָה
אַל תִּתְּנִי פוּגַת לָךְ אַל תִּדֹּם בַּת עֵינֵךְ:

חלק מן התיקון הוא לא להרפות מתחושות החוסר והכאב: אנו צועקים במר ליבנו אל ה׳ ובוכים על כך שהגדרים והסייגים (״חומה״) שקבעו חז״ל כדי להגן על ליבת (״ציון״) התורה – התמוטטו. הצער הוא תמידי – גם ברגעי הנחת (״יום״) המועטים שיש לנו בתקופת הגלות, ובוודאי ברגעי האפלה (״לילה״) – הכאב לא ״פג״ לרגע; הבכי לא מפסיק ושותק (״נידום״) ולו לשנייה.

(יט) קוּמִי רֹנִּי בַלַּיְלָה לְרֹאשׁ אַשְׁמֻרוֹת שִׁפְכִי כַמַּיִם לִבֵּךְ נֹכַח פְּנֵי אֲדֹנָי שְׂאִי
אֵלָיו כַּפַּיִךְ עַל נֶפֶשׁ עוֹלָלַיִךְ הָעֲטוּפִים בְּרָעָב בְּרֹאשׁ כָּל חוּצוֹת:

בליל הגלות האפל אנו קמים ושרים (״מרננים״) דברי תורה; בתחילת כל משמרת לילה אנו בוכים ומתמלאים בכאב. אנו מתחננים לפני ה׳ שישביע את הרעב הרוחני של דור העתיד (״עוללים״), רעב שעוטף אותם מכל עבר וגלוי כעת לעיני כול.

(כ) רְאֵה ה׳ וְהַבִּיטָה לְמִי עוֹלַלְתָּ כֹּה אִם תֹּאכַלְנָה נָשִׁים פִּרְיָם עֹלְלֵי טִפֻּחִים
אִם יֵהָרֵג בְּמִקְדַּשׁ אֲדֹנָי כֹּהֵן וְנָבִיא:

המבט הא־לוהי שמעל ההווה (״י־ה־ו־ה״) אינו שוכח לרגע כי המצב שבו מצויים אנו כעת אינו נורמלי: המציאות שבה מטופחות חוויות הקדושה (״נשים״ מבטאות את הצד הרגשי) בעם ישראל, שבסופו של דבר אינן מתממשות ומכלות את עצמן (״אוכלות פִּרְיָם״) – אינה תקינה! המציאות שבה אנשי הרוח והחזון (״כהן ונביא״) נעלמים (״נהרגים״) מנוף הקדושה – אינה מתקבלת על הדעת!

(כא) שָׁכְבוּ לָאָרֶץ חוּצוֹת נַעַר וְזָקֵן בְּתוּלֹתַי וּבַחוּרַי נָפְלוּ בֶחָרֶב הָרַגְתָּ בְּיוֹם
אַפֶּךָ טָבַחְתָּ לֹא חָמָלְתָּ:

ברחובות הארץ מתפלשת בעפר החוכמה הישראלית – הן זו העתיקה (״זקן״) הן זו המתחדשת והמתנערת (״נער״). גם חוויות לא ממומשות

("בתולות") וגם כוחות רעננים ("בחורים") נגדעו באיבן. היינו מצפים שהאובדן יגיע לפחות במידת הרחמים, אולם כעסו של ה׳ הוא כה גדול שהטבח וההרג נדמים כמוחלטים.

(כב) תִּקְרָא כְיוֹם מוֹעֵד מְגוּרַי מִסָּבִיב וְלֹא הָיָה בְּיוֹם אַף ה׳ פָּלִיט וְשָׂרִיד אֲשֶׁר טִפַּחְתִּי וְרִבִּיתִי אֹיְבִי כִלָּם:
ביום המיועד ה׳ זימן לנו את כל אויבינו מסביב שפחדנו ("מגורי") מהם, ולמראית עין לא הותירו מתורת ישראל שריד ופליט; המסורת היהודית שטופחה וגדלה ("רבתה") במשך הדורות – חוסלה ("כולתה") לכאורה בידי תרבות הגויים העוינת.

פרק ג

בדידות

יֵשֵׁב בָּדָד וְיִדֹּם, כִּי נָטַל עָלָיו

האובדן הפרטי

פרק ג מלמד אותנו על השבר האישי שמתחולל מתוך חורבן בית המקדש. אובדן המשמעות והתודעה נותר לא רק ברובד הלאומי וההחברתי אלא מחלחל לחייו האישיים של כל אחד וכל אחת: תחושות בדידות, עצבות, חוסר שייכות וייאוש – אלו הן מנת חלקם של אנשי התרבות הפוסט-מודרנית. בפרק זה כל אות מהא"ב מוכפלת בשלוש, מספר המבטא "חזקה", כדי להדגיש את הכאב האדיר שהשתרש בלבבות. יחד עם זאת, דווקא בנקודת הכאב האישית והרגישה מכול, חלקו של הפרק מספר לנו על תקווה לצאת מן המצב העגום. ייתכן שבדורנו, דור הפרטיות וההחולשה, זהו הפרק החשוב ביותר; בהתאם לזאת גם מילות הביאור נכתבו בגוף ראשון בפסוקים הרלוונטיים.

(א) אֲנִי הַגֶּבֶר רָאָה עֳנִי בְּשֵׁבֶט עֶבְרָתוֹ:
הייתי אמור להיות בעל יכולת התגברות על קשיים ("גבר"), והנה אני מצוי בחולשה וברפיסות ("עוני"). הקדוש ברוך הוא היכה אותי במקל כעסו ("שבט עברתו"), כלומר נאלץ לחסום ולהגביל את עוצמות חיי שהפכו לפראיות.

(ב) אוֹתִי נָהַג וַיֹּלַךְ חֹשֶׁךְ וְלֹא אוֹר:
בצרותיי הקודמות הוביל אותי ה' לאפלה שסופה נראה לעין; ואילו כעת מנהיג אותי ה' לדרך חשוכה הנדמית ללא נקודת אור בסופה.

(ג) אַךְ בִּי יָשֻׁב יַהֲפֹךְ יָדוֹ כָּל הַיּוֹם:
ישנם כל העת תהפוכות ושינויים שמסבב ה' בעולם, בקצב מהיר ותזזי, ואני מוצא עצמי מטולטל וחסר מנוחה ביניהם. קצב החיים הפך לבלתי אפשרי.

(ד) בִּלָּה בְשָׂרִי וְעוֹרִי שִׁבַּר עַצְמוֹתָי:
מערכות חיי – אלו הנראות כלפי חוץ ("עור") בתדמית נוצצת; אלו המתיימרות לנהל את חיי המעשה בפועל ("בשר"); ואלו המעצבות את עמוד השדרה האידאולוגי ("עצם") – כולן נשחקו ("התבלו") ונשברו בעידן טשטוש האמת ואובדן האמונה.

(ה) בָּנָה עָלַי וַיַּקַּף רֹאשׁ וּתְלָאָה:
החומות שבנה ה', והקיף אותי בהן, סוגרות עליי ומביאות לתחושות מרירות (כצמח "ראש ולענה") ועייפות ("לאות").

(ו) בְּמַחֲשַׁכִּים הוֹשִׁיבַנִי כְּמֵתֵי עוֹלָם:
תחושות הייאוש והמחשך שלי הן כדוגמת תחושתם של המתים המצויים באפלת נצח. המצב נדמה כחסר תקווה.

(ז) גָּדַר בַּעֲדִי וְלֹא אֵצֵא הִכְבִּיד נְחָשְׁתִּי:
הקדוש ברוך הוא "מגדר" ומגביל את כוחותיי מלצאת אל הפועל, ומכביד את השלשלאות ("נחושתיים") שכובלות אותי מלממש את ייעודי.

(ח) גַּם כִּי אֶזְעַק וַאֲשַׁוֵּעַ שָׂתַם תְּפִלָּתִי:
גם בעת שאני זועק לתשועה ולתשובה, תפילתי נדמית לי כנסתמת בפני הבורא. עד כדי כך מתגבר הייאוש.

(ט) גָּדַר דְּרָכַי בְּגָזִית נְתִיבֹתַי עִוָּה:
בתי הכלא והגדרות שבונה ה' סביב אורח חיי ("דרכי") אינם שבריריים וארעיים אלא מובנים מאבנים מסותתות ("גזוזות"). כלומר ההתמודדות התרבותית שמאתגרת אותנו היא רוע מובנה מתוחכם שגורם לדרכיי ("נתיבותי") להתעוות.

(י) דֹּב אֹרֵב הוּא לִי אֲרִי בְּמִסְתָּרִים:
הפחדים אופפים אותי מכל עבר: אפילו הקדוש ברוך הוא נדמה לי בתקופה זו כדוב וכאריה האורבים בסתר וממתינים לטורפני. דמיונות, הגזמות תקשורתיות, חששות אישיים – הם ממאפייני התקופה.

(יא) דְּרָכַי סוֹרֵר וַיְפַשְּׁחֵנִי שָׂמַנִי שֹׁמֵם:
הספקנות אוכלת כל חלקה טובה: אני מתלבט כל העת בין הדרכים – סר מזו וסר לזו ("סורר") – עד שרגלי מתפשקות ("מתפשחות"). הספקנות כה גדולה עד שלא ניתן להכריע ואני נותר שומם ותוהה.

(יב) דָּרַךְ קַשְׁתּוֹ וַיַּצִּיבֵנִי כַּמַּטָּרָא לַחֵץ:
בסופו של דבר אני עומד במקום ומשמש כמטרה נייחת ל"חיציו" של ה'. הקשיים, האכזבות והכישלונות נשלחים מ"קשתו" של הקדוש ברוך הוא ש"נדרכת" כלפיי.

(יג) הֵבִיא בְּכִלְיוֹתָי בְּנֵי אַשְׁפָּתוֹ:

אשפת חיציו של ה׳ מספקת ירי מדויק: הללו פוגעים ישירות בכליותיי, מקום ייסורי המצפון. הקב״ה סיבב עליבות תרבותית שמדחיקה אפילו את ״מוסר הכליות״ שאמור להתעורר בשלב זה.

(יד) הָיִיתִי שְּׂחֹק לְכָל עַמִּי נְגִינָתָם כָּל הַיּוֹם:

השלכה נוספת ל״ירי החיצים״: הרצון להיות נערץ מסתיים בסוף בבוז מצד החברה; וזאת באמצעות מערכות של בידור רגשי (״נגינה״) שמושמעות כל העת וגורמות לליצנות מכל קדוש ויקר.

(טו) הִשְׂבִּיעַנִי בַמְּרוֹרִים הִרְוַנִי לַעֲנָה:

תחושות המרירות ממלאות אותי כטעמו של עשב מר (״לענה״).

(טז) וַיַּגְרֵס בֶּחָצָץ שִׁנָּי הִכְפִּישַׁנִי בָּאֵפֶר:

ה׳ גורם לי לגרוס חצץ קשה ומשבר שיניים; המזון התרבותי הגס (״חצץ״) שמתגלגל לתודעתי מעקר את האפשרות להשתמש בכלי ניתוח שכליים (״שיניים״), ואני מוצא עצמי פועל באופן יצרי וחסר שיקול דעת; מה שמביא לכך שאני מתלכלך ומוכפש בפיח עשן (״אפר״).

(יז) וַתִּזְנַח מִשָּׁלוֹם נַפְשִׁי נָשִׁיתִי טוֹבָה:

כאשר נפשי מוזנחת מתודעת הרמוניה ואחדות (״שלום״) אני מנושל (״נשוי״) מכל הטוב שבעולם.

(יח) וָאֹמַר אָבַד נִצְחִי וְתוֹחַלְתִּי מֵה׳:

כל אלו מביאים לתחושות ייאוש ופסימיות: נדמה כאילו הנצחיות אבדה מחיי, ואין לי יותר למה להוחיל ולצפות.

(יט) זְכָר עָנְיִי וּמְרוּדִי לַעֲנָה וָרֹאשׁ:
וכאן, בנקודת שפל זו, אני פונה אל ה׳ ומתחנן שיביט על עוניי וירידתי, על המרירות (״לענה וראש״) שמלווה אותי בכל רגע.

(כ) זָכוֹר תִּזְכּוֹר וְתָשׁוֹחַ עָלַי נַפְשִׁי:
ועד שיגיע היום שתזכור אותי, אהלך שחוח ומדוכא.

(כא) זֹאת אָשִׁיב אֶל לִבִּי עַל כֵּן אוֹחִיל:
אולם ישנה תובנה שמאפשרת לי למצוא תשובה ותקווה (״תוחלת״); ומהי?

(כב) חַסְדֵי ה׳ כִּי לֹא תָמְנוּ כִּי לֹא כָלוּ רַחֲמָיו:
יודע אני כי חסדו האינסופי של ה׳ אף פעם לא תם; הרחמים – היכולת לשאת תהליך ארוך של לידה (מלשון ״רֶחֶם״) – לא נגמרים לעולם.

(כג) חֲדָשִׁים לַבְּקָרִים רַבָּה אֱמוּנָתֶךָ:
בכל בוקר ישנה התחדשות; בכל בוקר מתרבה האמונה.

(כד) חֶלְקִי ה׳ אָמְרָה נַפְשִׁי עַל כֵּן אוֹחִיל לוֹ:
כל הצרות הללו רק בירר לי יותר שנפשי מעוניינת להיות חלק מהעולם העליון והעתידי (״י־ה־ו־ה״), ועל כן אקווה לו בכל רגע ורגע.

(כה) טוֹב ה׳ לְקֹוָו לְנֶפֶשׁ תִּדְרְשֶׁנּוּ:
ככל שאדם בעל קו חשיבה ארוך יותר כך הוא מבחין בטוב הא־לוהי המצוי בעולם ומתמלא בסבלנות ובתקווה; ככל שאדם בעל אישיות גדולה יותר (״בעל נפש״) כך הוא דורש יותר קרבת אלוהים.

(כו) טוֹב וְיָחִיל וְדוּמָם לִתְשׁוּעַת ה׳:
לעיתים אין פעולה מסוימת שניתן לעשות כרגע באופן מיידי על מנת

לפתור את הבעיה, אולם עצם השתיקה וההתוחלת לתשועת ה׳ הן הטוב שמנחם אותי כעת.

(כז) טוֹב לַגֶּבֶר כִּי יִשָּׂא עֹל בִּנְעוּרָיו:

על מנת להתגבר על הקשיים, יש שלב מסוים בחיים שלמרות שהכוחות מתנערים – ראוי "לשאת עול", לדחות סיפוקים ולרסן אותם. זהו מצבנו כעת, בעת האבלות והחורבן.

(כח) יֵשֵׁב בָּדָד וְיִדֹּם כִּי נָטַל עָלָיו:

אנו יושבים בודדים ושותקים, ונושאים על כתפינו את נטל החטאים שיש לכפר עליהם.

(כט) יִתֵּן בֶּעָפָר פִּיהוּ אוּלַי יֵשׁ תִּקְוָה:

השתיקה משולה לנתינת עפר בפה; אנו יושבים ושותקים בצפייה לתקווה.

(ל) יִתֵּן לְמַכֵּהוּ לֶחִי יִשְׂבַּע בְּחֶרְפָּה:

בזמן הגלות – ובזמנים מסוימים בחיי האדם הפרטי – אין מנוס אלא לנקוט בפסיביות, ולספוג מכות והשפלות.

(לא) כִּי לֹא יִזְנַח לְעוֹלָם אֲדֹנָי:

אולם התקווה שמעניקה לנו כוח לשרוד בתקופות הנוראות הללו היא התובנה שבסופו של דבר, הקדוש ברוך הוא – בסיס חיינו ("א־דוני") – לעולם לא ייטוש אותנו.

(לב) כִּי אִם הוֹגָה וְרִחַם כְּרֹב חֲסָדָיו:

ה׳ אומנם מביא עלינו יגון וצער ("הוגה"), אולם הרחמים והחסדים הא־לוהיים שלו חזקים מאלו.

(לג) כִּי לֹא עִנָּה מִלִּבּוֹ וַיַּגֶּה בְּנֵי אִישׁ:
העינויים והיגון שמביא אלוהים על בני האדם אינם גחמה, אלא הם באים כדי לאפשר להם לכפר ולתקן את חטאיהם.

(לד) לְדַכֵּא תַּחַת רַגְלָיו כֹּל אֲסִירֵי אָרֶץ:
ההשגחה האלוהית אינה שרירותית, ואיננה מדכאת תחת רגליה את המסכנים והשבויים בחומריותם ("אסירי ארץ") מתוך אכזריות; אלא בכדי להשיבם בתשובה.

(לה) לְהַטּוֹת מִשְׁפַּט גָּבֶר נֶגֶד פְּנֵי עֶלְיוֹן:
על אותו משקל: אין כאן הטיית משפט צדק לאדם בפני אלוהים העליון.

(לו) לְעַוֵּת אָדָם בְּרִיבוֹ אֲדֹנָי לֹא רָאָה:
חלילה לחשוב שיש כאן עיוות דין, ש"א-דוני" כביכול אינו רואה את האמת.

(לז) מִי זֶה אָמַר וַתֶּהִי אֲדֹנָי לֹא צִוָּה:
הרי מי הוא זה שיצר את העולם ("אמר ותהי")? האם ייתכן שהעולם ודרכי ההנהגה שלו הם לא בציוויו של ה'?

(לח) מִפִּי עֶלְיוֹן לֹא תֵצֵא הָרָעוֹת וְהַטּוֹב:
וכי חשבתם אחרת? כשם שמה' העליון מגיע הטוב לעולם, כך גם הרוע הוא חלק מההשגחה הא-לוהית – על מנת לאתגר את המציאות להוציא מעצמה עוד יותר טוב.

(לט) מַה יִּתְאוֹנֵן אָדָם חָי גֶּבֶר עַל חֲטָאָו:
אלא על מה צריך אדם חי להתלונן? על חטאיו שלו שגרמו למצב הקשה! זוהי הדרך היחידה להתגבר ולהתקדם הלאה.

(מ) נַחְפְּשָׂה דְרָכֵינוּ וְנַחְקֹרָה וְנָשׁוּבָה עַד ה':

תפקידו כעת לפשפש ולחקור במעשינו כיצד ניתן לתקן ולשוב אל ה'.

(מא) נִשָּׂא לְבָבֵנוּ אֶל כַּפָּיִם אֶל אֵל בַּשָּׁמָיִם:

אנו נעשה כמיטב יכולתנו לשוב אל אבינו שבשמיים, לפתוח עצמנו אל האינסוף השמיימי ("שמיים" ריבוי של "שם־שם־שם").

(מב) נַחְנוּ פָשַׁעְנוּ וּמָרִינוּ אַתָּה לֹא סָלָחְתָּ:

חשוב להזהיר כי תהליך התשובה לא יהיה קל: לאחר דורות ושנים של פשיעה ומרד, התיקון והסליחה לא ימהרו לבא.

(מג) סַכֹּתָה בָאַף וַתִּרְדְּפֵנוּ הָרַגְתָּ לֹא חָמָלְתָּ:

ה' כועס ("חרי אף") ומסתיר ("סוכך") את פניו מאיתנו, והכאב והאובדן נדמים בעינינו בשלב מסוים כעונשים ללא חמלה.

(מד) סַכּוֹתָה בֶעָנָן לָךְ מֵעֲבוֹר תְּפִלָּה:

התחושות שמלוות אותנו מאז חורבן בית המקדש הן שאפילו תפילתנו "מסוננות" בידי ענן שעוטף ומסתיר ("סוכך") את ה'; העידן שבו אנו חיים נדמה כמנותק מהחיים הרוחניים.

(מה) סְחִי וּמָאוֹס תְּשִׂימֵנוּ בְּקֶרֶב הָעַמִּים:

ואף התרבות היהודית נדמית בקרב האנושות בדורות הללו כמאוסה וכסרוחה.

(מו) פָּצוּ עָלֵינוּ פִּיהֶם כָּל אֹיְבֵינוּ:

זהו גם הזמן שבו כל אויבינו – הפיסיים והתרבותיים – "פותחים" את פיהם.

(מז) פַּחַד וָפַחַת הָיָה לָנוּ הַשֵּׁאת וְהַשָּׁבֶר:
המציאות הנפשית שלנו כיום היא של פחד שמוביל לנפילה לבור ולפחיתות ("פחת"); אנו נושאים משא כבד שגורם לנו לשואה ולשבר.

(מח) פַּלְגֵי מַיִם תֵּרַד עֵינִי עַל שֶׁבֶר בַּת עַמִּי:
והנה אנו שבים לכאבו של האדם הפרטי – הקשוב לשבר המצוי כעת בעמו של ה' – כאב אדיר שגורם לבכי.

(מט) עֵינִי נִגְּרָה וְלֹא תִדְמֶה מֵאֵין הֲפֻגוֹת:
הכאב אינו מרפה ואינו פג, הקושי שלי לעכל את גודל השבר גורם לבכי הניגר מן העיניים ואינו פוסק ("נדום") לרגע.

(נ) עַד יַשְׁקִיף וְיֵרֶא ה' מִשָּׁמָיִם:
מצב זה יימשך עד שהגודל השמיימי האינסופי ("שם־שם־שם") ישתקף וייראה בחיי; עד שאצליח ליישם את הערכים והקדושה בעולמי.

(נא) עֵינִי עוֹלְלָה לְנַפְשִׁי מִכֹּל בְּנוֹת עִירִי:
בינתיים, דמעותיי היורדות מעיניי גרמו ("עוללו") לנפשי כאב יותר מכל רגשות הצער שבסביבתי הקרובה ("בנות העיר"). הכאב האישי מורגש אצלי יותר מכל מה שניתן לתאר במילים באוזני אחרים.

(נב) צוֹד צָדוּנִי כַּצִּפּוֹר אֹיְבַי חִנָּם:
האויבים שלי – החיצוניים והפנימיים – לכדו אותי ו"קיצצו" את כנפי הציפור שלי; וכל זה "חינם" – ללא צדק. תחושת חוסר המשפט בעולמנו הנוכחי היא כאב ללא נשוא.

(נג) צָמְתוּ בַבּוֹר חַיָּי וַיַּדּוּ אֶבֶן בִּי:
התרבויות העוינות מסביב קשרו בחבלים ("צמתו" כמו "צמת שיער") את כוחותיי ושמו אותי בכלא, היינו מנעו ממני להגשים את ייעודי;

ונוסף על כך גם השליכו עלי "אבן" – נתקלתי בהתנגדויות קשות באופן אקטיבי.

(נד) צָפוּ מַיִם עַל רֹאשִׁי אָמַרְתִּי נִגְזָרְתִּי:

התרבויות הללו מנסות להטביע ולהציף את מחשבתי ("ראשי") במים עכורים של רדידות וחומרנות; ולעיתים נדמה ש"נגזרה הגזרה", והן ינצחו אותי.

(נה) קָרָאתִי שִׁמְךָ ה׳ מִבּוֹר תַּחְתִּיּוֹת:

אולם גם בנקודת השפל הנמוכה ביותר אני קורא את שמו של ה׳; אף במצב הקשה ביותר אני אוחז בעולם העליון שהוא מעבר להווה ולהווייה הנוכחיים ("י־ה־ו־ה").

(נו) קוֹלִי שָׁמָעְתָּ אַל תַּעְלֵם אָזְנְךָ לְרַוְחָתִי לְשַׁוְעָתִי:

ואת קול תפילתי ה׳ שומע; הרווחה והישועה סופן לבוא לעולם, ואוזנו של הקדוש ברוך הוא לא תתעלם מכך.

(נז) קָרַבְתָּ בְּיוֹם אֶקְרָאֶךָּ אָמַרְתָּ אַל תִּירָא:

בעת שאני קורא אל ה׳ אני חש מעט קרבת אלוהים, וה׳ מחזק אותי מכל פחדיי.

(נח) רַבְתָּ אֲדֹנָי רִיבֵי נַפְשִׁי גָּאַלְתָּ חַיָּי:

תחושות המשמעות והקדושה מתעמתות ו"רבות" עם נפשי המסוכסכת, ומצליחות לגאול את חיי.

(נט) רָאִיתָה ה׳ עַוָּתָתִי שָׁפְטָה מִשְׁפָּטִי:

מתוך מבט עליון ועתידי ניתן לראות את העיוות הקיים בחיי כיום – שבו האויבים מתעללים בי – ונדרש משפט א־לוהי.

(ס) רָאִיתָה כָּל נִקְמָתָם כָּל מַחְשְׁבֹתָם לִי:
ה' רואה ויודע שמחשבותם של אויביי אינה טהורה; הם אינם מתנכלים לי מתוך מניע אמיתי אלא מרגשות נקם שפלים.

(סא) שָׁמַעְתָּ חֶרְפָּתָם ה' כָּל מַחְשְׁבֹתָם עָלָי:
אתה ה' יודע את החרפה והעליבות שהם ממטירים כנגדי; גם בעת שהם מחייכים – מחשבותם עליי רעה וצבועה.

(סב) שִׂפְתֵי קָמַי וְהֶגְיוֹנָם עָלַי כָּל הַיּוֹם:
המאבק התמידי, בכל יום ויום, כנגד אויביי שקמים כנגדי הוא בכל המישורים: הן בהתמודדות מול קללות גלויות שנאמרות בשפתיים, הן בעימות מול פילוסופיות מחשבתיות ("הגיונות").

(סג) שִׁבְתָּם וְקִימָתָם הַבִּיטָה אֲנִי מַנְגִּינָתָם:
כל העת, גם בעת המנוחה ("ישיבה") וגם בעת הפעילות ("קימה"), ישנו בידור זול ורגשי ("מנגינה") שמכוון כנגדי. התקשורת ואמצעי הבידור לא מפסיקים מלהגם ומלעגם ולו לרגע.

(סד) תָּשִׁיב לָהֶם גְּמוּל ה' כְּמַעֲשֵׂה יְדֵיהֶם:
תפילתי לפני ה' שישיב לכוחות הרע בעולם את גמולם מידה כנגד מידה; רק כך יופנם בעולם מהו התיקון הנדרש.

(סה) תִּתֵּן לָהֶם מְגִנַּת לֵב תַּאֲלָתְךָ לָהֶם:
העונש שלהם יהיה שהם יסבלו מאטימות לב ("מגן לב") גדולה אף יותר ממה שכעת; חוסר רגישות קיצוני שיגרום להם לבסוף לחולשה ולעייפות ("לאות").

(סו) תִּרְדֹּף בְּאַף וְתַשְׁמִידֵם מִתַּחַת שְׁמֵי ה':
על מנת לבער את הרוע מתחת השמיימיות הא-לוהית אין מנוס ממרדף

דקדקני וכועס כנגד השלילה. זהו תהליך בלתי נמנע שיעבור על העולם ועל האדם הפרטי כחלק מגאולתו.

פרק ד

אובדנות

יְדֵי נָשִׁים רַחֲמָנִיּוֹת בִּשְּׁלוּ יַלְדֵיהֶן

אובדן בידינו שלנו

הכאב על החורבן מגיע לשיאו כאשר מבינים מה היה לנו ואיבדנו בשתי ידינו. התרבות היהודית אמורה הייתה להעניק השראה לעולם כולו, כפי שהיה בזמן שבית המקדש עמד על מכונו; אולם היא חלפה עם הרוח. בהתאם לזאת אנו חיים כיום בעולם פוסט־מודרני שמכלה את עצמו: דמוגרפיה שלילית; פירוק משפחתי; שנאה עצמית ואנטי־לאומיות וחברתיות. פירוק המערכות מותיר את האדם בבדידות ובתלישות, נטול שורשים ועצוב. התופעות הללו ניכרות באנושות כולה, אולם בעם היהודי שהפוטנציאל שלו הוא עצום מלכתחילה – המציאות כואבת שבעתיים.

(א) אֵיכָה יוּעַם זָהָב יִשְׁנֶא הַכֶּתֶם הַטּוֹב תִּשְׁתַּפֵּכְנָה אַבְנֵי קֹדֶשׁ בְּרֹאשׁ כָּל חוּצוֹת:

איך קרה שתכונותיו של עם ישראל, שנמשלו למתכת זהב נוצצת שאינה מחלידה, עורפלו וטושטשו ("הועמו")? כיצד השתנה מראהו של הצבע הבולט ("כתם"), הטוב והחיובי, שייצג עם ישראל בעולם? איך הגענו למצב שהרעיונות הקדושים של תורת ישראל, ששימשו כנדבך לבניין התרבות האנושית ("אבני הקודש"), מתדרדרים ו"נשפכים" בביזיון לעין כול?

(ב) בְּנֵי צִיּוֹן הַיְקָרִים הַמְסֻלָּאִים בַּפָּז אֵיכָה נֶחְשְׁבוּ לְנִבְלֵי חֶרֶשׂ מַעֲשֵׂה יְדֵי יוֹצֵר:

כיצד קרה שבני העם היהודי, שידעו לציין ולהצביע על הדברים החשובים ("בני ציון היקרים") בחיים, שהיו נדירים ומוערכים כשווי הזהב; כיצד נהפכו לכלי ("נבלי") חרס של פס יצור זול? הזהות הייחודית של עם ישראל הפכה לסוג של נבלה וביזיון כשאר התרבויות העולמיות, ואפילו פחות מכך; כמוסבר לקמן:

(ג) גַּם תַּנִּים חָלְצוּ שַׁד הֵינִיקוּ גּוּרֵיהֶן בַּת עַמִּי לְאַכְזָר כַּיְעֵנִים בַּמִּדְבָּר:

אפילו התנינים, בעלי החיים האכזריים ביותר, מיניקים את צאצאיהם, ואילו העם היהודי במצב כה נואש עד שנמשל לבת יענה במדבר שאיננה מיניקה את בניה. התרבויות הזרות, על כל פגמיהן, לכל הפחות מעניקות מענה תרבותי בסיסי לבניהן, ואילו בעם היהודי ישנם שחותרים תחת קיומו; קמים בתוכנו אנשים שנלחמים בזהות הלאומית שלנו.

(ד) דָּבַק לְשׁוֹן יוֹנֵק אֶל חִכּוֹ בַּצָּמָא עוֹלָלִים שָׁאֲלוּ לֶחֶם פֹּרֵשׂ אֵין לָהֶם:

זהו מצב אבסורדי, מפני שמצד האמת קיים ביקוש אדיר לתוכני המסורת היהודית, אנשים גוועים בצמא וברעב על מנת לקבל תוכן יהודי שיַּלחים ויחבר בינם לבין נשמתם; אולם לשווא; אף אחד אינו פורס לפניהם מענה.

(ה) הָאֹכְלִים לְמַעֲדַנִּים נָשַׁמּוּ בַּחוּצוֹת הָאֱמֻנִים עֲלֵי תוֹלָע חִבְּקוּ אַשְׁפַּתּוֹת:
הפער בלתי נתפס: העם היהודי שהיה רגיל "לאכול מעדנים", היינו להתמלא מתכנים עליונים, מוצא עצמו בשממה ובשיעמום בראש כל חוצות; אנחנו, שהיינו מורגלים ("אמונים") להיות עטופים במסגרת תרבותית־אצילית, עדינה ויפיפייה כתולעת משי, מוצאים עצמנו מלקטים שאריות מאשפת התרבות העולמית.

(ו) וַיִּגְדַּל עֲוֹן בַּת עַמִּי מֵחַטַּאת סְדֹם הַהֲפוּכָה כְמוֹ רָגַע וְלֹא חָלוּ בָהּ יָדָיִם:
מתוך התבוננות על העונש שהוטל על העיר סדום לעומת עונשה של ירושלים נלמד שיש צד שבו העוון שלנו גדול אפילו משלהם: סדום, שהיא ביטוי לתרבות המושחתת ביותר שהייתה מאז ומעולם, הושמדה ונהפכה בבת אחת; ואילו עונשו של עם ישראל – שהחמיץ את הפוטנציאל האדיר שלו (לעומת סדום שמלכתחילה אין כלל ציפיות ממנה) – הוא מתמשך ובוחשות ("חלות") בו ידיים רבות לאורך זמן (שזהו עינוי מצד אחד אולם גם יאפשר הזדמנות לתיקון וחזרה בתשובה מצד שני).

(ז) זַכּוּ נְזִירֶיהָ מִשֶּׁלֶג צַחוּ מֵחָלָב אָדְמוּ עֶצֶם מִפְּנִינִים סַפִּיר גִּזְרָתָם:
התרבות הישראלית נמשלת לנזירים, אנשי קודש טהורים שצחים כשלג וכחלב; כפנינים אדומות; שגזרתם חטובה ומלוטשת כיהלום ספיר – זהו הגובה שהתרבות הישראלית אמורה לחיות בו.

(ח) חָשַׁךְ מִשְּׁחוֹר תָּאֳרָם לֹא נִכְּרוּ בַּחוּצוֹת צָפַד עוֹרָם עַל עַצְמָם יָבֵשׁ הָיָה כָעֵץ:
אולם כעת מצבה של התרבות הישראלית הוא שחור משחור, ואינו נחשב כלל במרחבי ("חוצות") התרבות האנושית; הנראות החיצונית ("עור") שלנו היא קמוטה ("צפודה") ועלובה כעץ יבש.

(ט) טוֹבִים הָיוּ חַלְלֵי חֶרֶב מֵחַלְלֵי רָעָב שֶׁהֵם יָזוּבוּ מְדֻקָּרִים מִתְּנוּבֹת שָׂדָי:
עדיפה מיתה מאלימות פתאומית ("חללי חרב") מאשר גוויעה איטית מרעב

תרבותי, כי הראשונים אומנם מתים מדקירות החרב, אולם מתוכם נשפך ("זב") תנובת השדה; כלומר הם היו מלאים בתוכן רוחני שהחייה אותם, לעומת חשוכי התרבות שגוססים מריקנות מתמשכת.

(י) יְדֵי נָשִׁים רַחֲמָנִיּוֹת בִּשְּׁלוּ יַלְדֵיהֶן הָיוּ לְבָרוֹת לָמוֹ בְּשֶׁבֶר בַּת עַמִּי:
המשבר הוא איום ומגיע לאכזריות בלתי נתפסת: כדוגמת אימא המבשלת את בשר בניה ואוכלת אותו למען הנאתה ובריאותה שלה ("לברות" מלשון בריאות); כך ישנם גורמים בחברה הישראלית ש"אוכלים" את העתיד הלאומי שלנו למען סיפוק מיידי של תחושת "נאורות".

(יא) כִּלָּה ה' אֶת חֲמָתוֹ שָׁפַךְ חֲרוֹן אַפּוֹ וַיַּצֶּת אֵשׁ בְּצִיּוֹן וַתֹּאכַל יְסוֹדֹתֶיהָ:
כעסו של ה' הוא אדיר וגורם לנקודות המשמעות ("הציון") להישרף; היסודות של התרבות הישראלית מתערערים.

(יב) לֹא הֶאֱמִינוּ מַלְכֵי אֶרֶץ כֹּל יֹשְׁבֵי תֵבֵל כִּי יָבֹא צַר וְאוֹיֵב בְּשַׁעֲרֵי יְרוּשָׁלָםִ:
התרבויות העולמיות, שהן ארציות וחומרניות, משתוממות מהמצב המשונה שבו צרות האופקים והיצריות הצליחו לחדור לתוככי ירושלים.

(יג) מֵחַטֹּאות נְבִיאֶיהָ עֲוֺנוֹת כֹּהֲנֶיהָ הַשֹּׁפְכִים בְּקִרְבָּהּ דַּם צַדִּיקִים:
כיצד התרחש מצב זה? כפי שנאמר לעיל, האויב החיצוני הצליח לחדור לירושלים רק מפני שהריקבון התפשט מבפנים: אנשי הרוח ("נביאיה" ו"כוהניה") חטאו בכך ש"שפכו דם צדיקים" – שבזו לצדיקות והעריצו את הריקנות והחומרנות.

(יד) נָעוּ עִוְרִים בַּחוּצוֹת נְגֹאֲלוּ בַּדָּם בְּלֹא יוּכְלוּ יִגְּעוּ בִּלְבֻשֵׁיהֶם:
אישי החברה הישראלית נמשלים לעיוורים המטלטלים ברחובות חסרי ישע; אנחנו מוקצים מחמת מיאוס ואף אחד אינו רוצה לגעת בלבושנו המלוכלך בדם. כאשר איבדנו את הראייה הרוחנית שלנו ושפכנו את "דם" הצדיקים שלנו, כולם מכריזים עלינו:

(טו) סוּרוּ טָמֵא קָרְאוּ לָמוֹ סוּרוּ סוּרוּ אַל תִּגָּעוּ כִּי נָצוּ גַּם נָעוּ אָמְרוּ בַּגּוֹיִם לֹא יוֹסִפוּ לָגוּר:
"התרחקו מן הטמאים הללו!; אל תתקרבו לאותם אלה שרבו ("נצו") עם א-לוהיהם; שתעו ("נעו") מן הדרך הישרה; אין להם מקום בחברה האנושית".

(טז) פְּנֵי ה' חִלְּקָם לֹא יוֹסִיף לְהַבִּיטָם פְּנֵי כֹהֲנִים לֹא נָשָׂאוּ וּזְקֵנִים לֹא חָנָנוּ:
"א-לוהיהם מזעיף להם פנים ופיזרם ("חלקם") ברחבי העולם, הוא אינו מסוגל להביט בהם כי לא כיבדו את כוהניהם ולא נשאו חן לזקניהם". עם שאיבד את כבודו הלאומי זוכה לבוז מכולם.

(יז) עוֹדֵינוּ תִּכְלֶינָה עֵינֵינוּ אֶל עֶזְרָתֵנוּ הָבֶל בְּצִפִּיָּתֵנוּ צִפִּינוּ אֶל גּוֹי לֹא יוֹשִׁעַ:
עדיין יש בקרבנו אנשים שעיניהם כלות בציפיית הבל לעזרה מגוי שלא יושיע אותנו. ישנם כאלה שעדיין תולים את יהבם בתרבויות זרות שיעניקו משמעות לחייהם.

(יח) צָדוּ צְעָדֵינוּ מִלֶּכֶת בִּרְחֹבֹתֵינוּ קָרַב קִצֵּנוּ מָלְאוּ יָמֵינוּ כִּי בָא קִצֵּנוּ:
היהודים הללו אינם מבינים שהתרבויות הזרות אינן ידידיהם אלא אויביהם שמנסים "לצוד" ולהצר את צעדינו; הם מונעים מאיתנו ללכת ברוחב דעת ומקרבים חלילה את קיצנו. כל רגע שאנו מתכחשים לעולמנו הרוחני – ממלא את ימינו בריק ובהבל ומביא את סופנו.

(יט) קַלִּים הָיוּ רֹדְפֵינוּ מִנִּשְׁרֵי שָׁמָיִם עַל הֶהָרִים דְּלָקֻנוּ בַּמִּדְבָּר אָרְבוּ לָנוּ:
במצב כזה התרבויות הריקניות הן "קלות רגליים" – נדמות כמהירות, נוצצות ומתקדמות כ"נשרי שמים"; הן "דולקות" אחרינו ו"אורבות" לנו גם ברגעי שיא בחיים ("הרים"), וגם ברגעי שיעמום ("מדבר").

(כ) רוּחַ אַפֵּינוּ מְשִׁיחַ ה' נִלְכַּד בִּשְׁחִיתוֹתָם אֲשֶׁר אָמַרְנוּ בְּצִלּוֹ נִחְיֶה בַגּוֹיִם:
השיבוש התודעתי הוא כה חמור עד שישנם כאלה שהצליחו ללכוד

ולהשחית אפילו את הציפייה המשיחית; הם הוזים שהאידיאל של עם ישראל הוא לחיות בניכר, בצל תרבויות הגויים.

(כא) שִׂישִׂי וְשִׂמְחִי בַּת אֱדוֹם יוֹשֶׁבֶת בְּאֶרֶץ עוּץ גַּם עָלַיִךְ תַּעֲבָר כּוֹס תִּשְׁכְּרִי וְתִתְעָרִי:

המגילה פונה ל"בת אדום", תרבות הגויים האכזרית ושופכת הדם ביותר: "את יכולה לשמוח לאידנו, בהיותך יושבת בארץ רחוקה, מתנשאת ומייעצת עצות ("עוץ" מלשון "עץ"), אולם כוס התרעלה תעבור גם עליך; אז תשתכרי ותשפכי ("תערי") אותה לתוכך עד תום".

(כב) תַּם עֲוֹנֵךְ בַּת צִיּוֹן לֹא יוֹסִיף לְהַגְלוֹתֵךְ פָּקַד עֲוֹנֵךְ בַּת אֱדוֹם גִּלָּה עַל חַטֹּאתָיִךְ:

הסוף יהיה טוב: עם ישראל יפסיק לחטוא ויציין את נקודות המשמעות בחייו; דבר שיגרום להפסקת הגלות – הפיזית והרוחנית; ואילו "בת אדום" – שמייצגת את תרבויות הגויים – תשלם ביוקר על עוונותיה וחטאותיה.

פרק ה

תקווה

הֲשִׁיבֵנוּ ה׳ אֵלֶיךָ וְנָשׁוּבָה
חַדֵּשׁ יָמֵינוּ כְּקֶדֶם

זכירה של תקווה

פרק ה החותם את מגילת איכה הוא פרק של תקווה. אנו פונים אל ה׳ שיזכור אותנו, ובעצם הזכירה טמונה הישועה. אנו לא משלימים עם המצב העגום שבו אנו שרויים באלפיים השנים האחרונות ואט־אט אנו שבים אל ה׳. פרק זה, בניגוד לשאר הפרקים, אינו מסודר לפי סדר אותיות הא״ב; מפני שלקראת הסוף מתברר שחיינו הפכו לאנדרלמוסיה גמורה. התקופה שלנו – סוף הגלות ותחילת הגאולה – היא במובנים מסוימים מסובכת ומורכבת יותר מכל תקופות העבר, ודווקא כעת מתבקש אדם בן דורנו לבנות את בית המקדש בלבבו.

(א) זְכֹר ה' מֶה הָיָה לָנוּ הַבִּיטָה וּרְאֵה אֶת חֶרְפָּתֵנוּ:
אנו מביטים על המציאות הנוכחית העגומה ונזכרים בשלמות הא־לוהית שמעל ההווה וההוויה ("י־ה־ו־ה") שהייתה מנת חלקנו בעבר, וזכירה זו גורמת לנו לתחושות בושה וחרפה. דווקא הכאב הזה מאפשר לנו להתעודד, כי אנו מבינים שמצב החרפה העכשווי אינו טבעי, ולכן גם לא יתמיד.

(ב) נַחֲלָתֵנוּ נֶהֶפְכָה לְזָרִים בָּתֵּינוּ לְנָכְרִים:
התרבות הזרה חודרת לנחלתנו הפרטית: הבתים, התאים האינטימיים של המשפחה הישראלית, הופכים למנוכרים וקרים. תפיסות עולם מעוותות משבשות את התפיסה המשפחתית ומטיפות לפירוקה.

(ג) יְתוֹמִים הָיִינוּ אין (וְאֵין קרי) אָב אִמֹּתֵינוּ כְּאַלְמָנוֹת:
כדוגמת יתומים עזובים שאין אב שידאג להם, כך מסתובבים אנו ללא סולם ערכים משלנו; התרבות היהודית שהולידה אותנו ("אימא") היא כעת ללא בעלים ונמשלת לאלמנה.

(ד) מֵימֵינוּ בְּכֶסֶף שָׁתִינוּ עֵצֵינוּ בִּמְחִיר יָבֹאוּ:
במקום שפע החיים הרוחני ("מים") שהיה אמור להיות לנו בחינם ובטבעיות, במקום עצות ("עצים") מקוריות ישראליות – אנו נאלצים לקנות בכסף ובמחיר מלא תובנות מתרבויות זרות.

(ה) עַל צַוָּארֵנוּ נִרְדָּפְנוּ יָגַעְנוּ וְלֹא הוּנַח לָנוּ:
מבוקר עד ליל אנו נרדפים עד צוואר ביגיעה ובעבודה קשה, ועם כל זה איננו חשים מנוחה. הכסף, הטכנולוגיה והבידור, שאנו רודפים אחריהם בצורה כל כך בהולה, אמורים לכאורה להעניק לנו שלוות נפש – אולם לשווא.

(ו) מִצְרַיִם נָתַנּוּ יָד אַשּׁוּר לִשְׂבֹּעַ לָחֶם:
מה לא עשינו על מנת להינצל מן הריקנות הסובבת אותנו? – הושטנו ידינו לְמֵצרים, כלומר ניסנו למצוא נחמה בתאוות שמצמצמות אותנו – ונכזבנו; ציפינו שהאושר והאישור לחיינו יבוא מכך שנמלא כרסנו במזון ("לחם") חומרי ורוחני זר – והתברר שלא כך הדבר.

(ז) אֲבֹתֵינוּ חָטְאוּ וְאֵינָם וַאֲנַחְנוּ עֲוֹנֹתֵיהֶם סָבָלְנוּ:
במובנים רבים המצב הנוכחי הוא תוצר ירושת דורות קודמים: שנים רבות שלטו במערכות הלאומיות תפיסות עולם זרות וגלותיות – ואנו סובלים כעת את התוצאה.

(ח) עֲבָדִים מָשְׁלוּ בָנוּ פֹּרֵק אֵין מִיָּדָם:
אנו מוצאים עצמנו נשלטים בידי הצדדים השפלים והעלובים ביותר של הרוח האנושית; אדם כיום מסוגל לשעבד עצמו לתאוות הגסות ביותר, ואינו מסוגל לכאורה "להתפרק" ולהינצל מהן.

(ט) בְּנַפְשֵׁנוּ נָבִיא לַחְמֵנוּ מִפְּנֵי חֶרֶב הַמִּדְבָּר:
גם בעת שאנו מנסים להחיות עצמנו במעט מזון ("לחם"), חומרי ורוחני, אנו צריכים לעשות זאת במאמצים עצומים, להילחם במדבר שממה תרבותי עם אויבים רוחניים אימתניים.

(י) עוֹרֵנוּ כְּתַנּוּר נִכְמָרוּ מִפְּנֵי זַלְעֲפוֹת רָעָב:
הנראות והתדמית החיצונית שלנו ("עורנו") התכווצו והתקמטו ("נכמרו"), מפני הרעב הרוחני הכבד ("זלעפות"). ובעת שאדם חש ריקנות פנימית לא יעזרו לו יחסי ציבור חיצוניים.

(יא) נָשִׁים בְּצִיּוֹן עִנּוּ בְּתֻלֹת בְּעָרֵי יְהוּדָה:
הצד הרגשי והעדין ("נשים") שמעניק את ציון המשמעות בחיים – מיוסר ומדוכא תחת רגליה הגסות של תרבות אלימה ודורסנית; מה שאינו

מאפשר לחוויות העדינות והלא־ממומשות ("בתולות") של הענווה וההודאה כלפי ה' ("ערי יהודה") לצאת אל הפועל.

(יב) שָׂרִים בְּיָדָם נִתְלוּ פְּנֵי זְקֵנִים לֹא נֶהְדָּרוּ:
הגסות והחומרנות שסביבנו "תולה את יד השרים" – מעכבת את ההנהגה הפוליטית שלנו לפעול באופן הראוי, ונוצר ביזוי וחוסר הדרת כבוד כלפי הזקנה וניסיון החיים השקול.

(יג) בַּחוּרִים טְחוֹן נָשָׂאוּ וּנְעָרִים בָּעֵץ כָּשָׁלוּ:
עוצמות החיים הרעננות של עם ישראל ("בחורים") מושקעות כל־כולן בעמל קשה ("טחון") לצורך חומרני וקטנוני של חיי היום־יום – ולשווא; כוחות הנעורים מחפשים "עצה" – ונכשלים.

(יד) זְקֵנִים מִשַּׁעַר שָׁבָתוּ בַּחוּרִים מִנְּגִינָתָם:
גם הזִקנה ויישוב הדעת פסקו מלהנהיג ("לשבת בשער"); וגם הבידור והעליזות ("נגינה") האמיתיים של הצעירים – הושבתו.

(טו) שָׁבַת מְשׂוֹשׂ לִבֵּנוּ נֶהְפַּךְ לְאֵבֶל מְחֹלֵנוּ:
בזמן החורבן והגלות אין יכולת לחוש שמחה בלב; גם הריקודים הופכים לאבל.

(טז) נָפְלָה עֲטֶרֶת רֹאשֵׁנוּ אוֹי נָא לָנוּ כִּי חָטָאנוּ:
וכל זאת כי התוכן שמעניק את כתר המשמעות ("עטרת ראשנו") לחיינו – נפל; אין מילים לתאר את תחושת הכאב על האסון שהתגלגל מתוך חטאינו.

(יז) עַל זֶה הָיָה דָוֶה לִבֵּנוּ עַל אֵלֶּה חָשְׁכוּ עֵינֵינוּ:
"על זה" – על האובדן הרוחני – "היה דוה (כואב) ליבנו"! העניות החומרית, הרדיפות, ההשפלות והאסונות במהלך ההיסטוריה הם רק

ביטוי חיוור לאובדן הקדושה והמשמעות מהחיים; זהו שורש הצרות: "על אלה חשכו עינינו" – על החשיכה והאפלה ששולטות בעולם.

(יח) עַל הַר צִיּוֹן שֶׁשָּׁמֵם שׁוּעָלִים הִלְּכוּ בוֹ:
המצב הנפשי הגבוה, פסגת החיים, שבו מוצא אדם את ציון המשמעות בחייו ("הר ציון") – נדמה כעת כשומם וכמשעמם; שולטים בו "שועלים" – ערמומיות, קטנוניות ונבזיות.

(יט) אַתָּה ה׳ לְעוֹלָם תֵּשֵׁב כִּסְאֲךָ לְדוֹר וָדוֹר:
וכעת, סוף סוף, מגיעה התקווה: למרות הכישלונות, הצרות ואובדן הרוחניות – "אתה י־ה־ו־ה לעולם תשב" – הנצח שמצוי בהוויה – בעבר, בהווה ובעתיד – נותר ("יושב") לעולם. ההנהגה הא־לוהית במציאות ("כסא ה׳") מצויה בכל דור ודור, גם אם לא תמיד נגלית היא לעין.

(כ) לָמָּה לָנֶצַח תִּשְׁכָּחֵנוּ תַּעַזְבֵנוּ לְאֹרֶךְ יָמִים:
גם אם ברגעים מסוימים נדמה שה׳ שכח אותנו – זוהי כמובן מציאות זמנית. בחשבון הנצח ("לאורך ימים") – הוא לעולם אינו עוזב אותנו.

(כא) הֲשִׁיבֵנוּ ה׳ אֵלֶיךָ וְנָשׁוּבָ חַדֵּשׁ יָמֵינוּ כְּקֶדֶם:
אנו מתפללים אל ה׳ שישיב אותנו אליו. אט־אט הקדוש ברוך הוא מסובב תנאים במציאות שמאפשרים ללבבות להיפתח, עם ישראל שב לארצו ומתוך כך לאביו שבשמיים. הימים הקדומים של מלכות שלמה ובית המקדש מתחדשים. אַל חשש.

(כב) כִּי אִם מָאֹס מְאַסְתָּנוּ קָצַפְתָּ עָלֵינוּ עַד מְאֹד:
גם אם היינו אלפי שנים במצב שבו ה׳ כביכול מאס בנו וקצף עלינו – בסוף יתחולל תהליך התשובה; הוא כבר מתחולל מול עינינו.

הרע יעבור, הטוב יתגבר. בעזרת ה׳.

קינות לליל תשעה באב

קינות מתקנות

רקע היסטורי

קינות הן פיוטים שנאמרים בזמן אבלות ולאחר אירועים מעציבים (קינות מלשון "לקונן" – להרים קול בבכי). בלילו וביומו של תשעה באב – יום האבל הלאומי – נאמרות הקינות לאחר קריאת מגילת איכה, על פי נוסחי העדות השונות. תוכנן הוא תיאור הצרות שאירעו לעם ישראל מאז חורבן בית המקדש הראשון עד ימינו אנו. בהתאם לזאת, ישנן קינות שנוספו במהלך השנים. בימי הביניים למשל חוברו קינות רבות, במסעי הצלב, לאחר גירוש ספרד וצרות האינקוויזיציה, וכך אף לאחר שואת יהודי אירופה במאה הקודמת.

הקינה הקדומה ביותר שמצויה בידינו היא "אָז בַּחֲטָאֵינוּ חָרַב מִקְדָּשׁ" (מהמאה השישית לספירת הנוצרים); קינות ידועות נוספות הן: "זְכֹר ה' מֶה־הָיָה לָנוּ"; "בְּלֵיל זֶה יִבְכָּיוּן"; "אֲנִי הַגֶּבֶר"; "אלי ציון ועריה"; "יהודה וישראל דעו מר לי מאד"; ועוד. מקורן של רבות מהקינות אינו ידוע, ואת חלקן חיברו גדולי ישראל כרבי אליעזר הקליר, רבי שלמה אבן גבירול, רבי יהודה הלוי, רבי אברהם אבן עזרא, רבי יצחק אבן גיאת, רבי ישראל נג'ארה ורבים נוספים.

חוסר רלוונטיות?

סוד גלוי הוא שרבים ורבות מתקשים בקריאת הקינות. בדומה למגילת איכה, הקינות עוסקות בעולם שלכאורה איננו רלוונטי אל דורנו. גירוש, השמדה, גלות ושאר הפורעניות שהיו נחלתם של אבות אבותינו – אינם

נחלתנו, ב"ה. נוסף לכך, סגנונן המליצי של הקינות, תחבירן המסובך והמבנה שלהן (חלקן בנוי למשל על אקרוסטיכון של אותיות א"ב בסגנון כתיבה ימי־ביניימי) – מוסיפות לזרות שלהן בעיני קוראים בני זמננו.

התוצאה היא שרבים מדלגים על אמירת הקינות או ממלמלים אותן בלא הבנה ובלא הזדהות. בהקדמה זו ננסה לתת פשר ומשמעות למנהג אמירת הקינות לאנשי המאה ה־21, וזאת משני כיוונים שלעיתים ייראו סותרים זה את זה: א. הזדהות עם כאב עתיק יומין; ב. תקווה ואופטימיות שמסתתרות בינות השורות.

לחיות עם כאב שאינו נגמר

מה הטעם לקונן בכאב על אסונות שהיו בעבר? לכאורה זהו חיטוט מיותר בפצע. האם כאשר אנו מקוננים על חורבנן של קהילות יהודיות באירופה או בצפון אפריקה בימי הביניים; על גירוש והשמדה של יהודים מלפני אלפי שנים – אנו הופכים להיות אנשים טובים יותר או רוחניים יותר?

התשובה היא כן.

צרות וכאבים הם חלק בלתי נמנע בעולמו של אלוהים. בעבר אנשים היו מודעים לזה יותר. החיים בעולם הישן היו קשים מכל בחינה שהיא, ובני האדם חיו עם החסרונות והבינו שהעולם אינו מושלם. כיום, במאה ה־21, אנחנו גדלים בסביבה סטרילית ומפנקת, ועל מנת להפנים שהקשיים לא נגמרו אנו ממשיכים לקרוא קינות.

הרצון לשלמות מוטעה ביסודו. השאיפה לחיי נוחות היא שאיפה שלא תתממש לעולם. החלום "שלא יכאב לי אף פעם" הוא חלום תעתועים. אין שלמות, יש השתלמות. אין מנוחה, יש תנועה מתמדת. אין חיים ללא כאב, כישלון וחוסר שלמות. בעת שאנו קוראים משפטי קינות כדוגמת: "יְתוֹמִים הָיִינוּ וְאֵין אָב, וְאִמּוֹתֵינוּ מְקוֹנְנוֹת בְּחֹדֶשׁ אָב" (זכור ה' מה היה לנו) – אין כוונתנו שחווינו בהכרח יתמות אישית אלא אנו מפנימים שהיתמות היא חלק מובנה מהמציאות.

יש שתי דרכים להביט על העולם: דרך אחת היא הסתכלות פרטית, שמודדת את החיים לפי הצלחה או אי־הצלחה מקומית. בזמנים שבהם אנו מצליחים כלכלית, בריאים גופנית, הכול טוב במשפחתנו ויש פריחה

בעולמנו הנפשי – אזי החיים טובים ומאושרים בעינינו; ברגעים שבהם מצבנו האישי אינו שפיר – אז מבחינתנו החיים רעים ומרים. מבט כזה, שרוב בני האדם אינו מסוגל להשתחרר ממנו, יש בו מן הילדותיות. לא רק מבחינת האגוצנטריות שבו, אלא בעיקר מפני שהוא מתנגש בהכרח עם החסרונות הבלתי נמנעים המצויים בחיים. לכן זהו גם מבט שאינו יודע כיצד לעכל קושי וכאב. אנשי המבט הפרטי מצויים בתחושת מרירות תמידית, ואף מתרעמים על אי־הצדק הקיים כביכול בעולמנו.

יש דרך אחרת להביט על עולמו של אלוהים: המציאות אינה מתחילה ונגמרת בחיים של רגע פרטי. בהסתכלות רחבה אפשר לראות כיצד היקום כולו הוא גוף אחד חי ונושם, וכל פרט הוא חלק מהמארג הכולל. במציאות אין שלמות, אלא השתלמות אינסופית, וחלק מההשתלמות הוא פרטים המשלמים מחיר זמני כדי שהמציאות תתקדם. כל פרט יקבל את שכרו בחשבון הנצח, אולם ברגע נתון האושר אינו נמדד במצבי האישי אלא בחשבון הכללי. מבט כזה מעכל באופן נכון קושי וכאב ולכן "עַל הֵיכָלִי אֶבְכֶּה יוֹמָם וָלָיְלָה". הכאב אינו רוע ואי־צדק, אלא כוח ניגודי שתפקידו לאתגר את בני האדם ולהוציא מהם יותר. לולא אלו ששילמו את מחיר ההתקדמות הרפואית/החברתית/הלאומית – העולם לא היה משתלם; לכן גם אותם "חֲלָלִים נָפְלוּ עוֹלְלִים וְיוֹנְקִים" (למי אבכה) הם חלק מן הצדק האלוהי, ובתהליך הכללי של התקדמות המציאות גם הם יגיעו לשלמותם, או בשפת היהדות: 'יקבלו את שכרם בעולם הבא'.

מצפים לישועה

כאשר אנו מקוננים על העבר, אנו למעשה מייחלים לעולם טוב יותר. על מנת לומר את מילות הקינה "תְּמַהֵר יְשׁוּעָה וְתָחִישׁ גְּאֻלָּה, וְתָשׁוּב לִירוּשָׁלַיִם בְּרַחֲמִים רַבִּים" (עד אנא בכייה בציון) אנו חייבים לחוות כאב. יש סוגים שונים של 'ישועות' – יש שמבחינתם הגאולה היא בניין בית המקדש, יש החולמים על תקופת הפנסיה, אחרים מחכים שיבריאו ממחלה, שיעברו את המבחן או שיהיה שלום בינינו לבין הערבים. לכל החלומות הללו יש מכנה משותף אחד: הציפייה לרגע בחיי שבו לא תהיינה עוד בעיות. רגע של אושר מזוקק.

ציפייה זו אינה נכונה, זהו רגע שלעולם לא יבוא, משיח מהסוג הזה לעולם לא יגיע. אנשים שאינם מבינים זאת מתלוננים שהמשיח לא בא ולא מטלפן. חשוב לדייק: המשיח בוודאי יבוא, הקדוש ברוך הוא "ישוב לירושלים"; נגיע לפנסיה, סביר להניח שנבריא מהמחלה, וביום מן הימים גם יהיה שלום בינינו לעמי ערב. הכוונה היא שגם ברגעים הללו לא נחוש תחושת שלמות. תמיד תהיינה שאיפות חדשות, לנצח יהיה לאן להתקדם, לעולם יהיה חסר משהו שיאתגר אותנו לחלום חלום חדש, או במילים אחרות – בעולם יהיו כאב וקושי.

חכמי ישראל מפרטים כמה שאלות שיישאל האדם בעת שיעמוד לדין לפני אלוהים,[1] ובהן: "נשאת ונתת באמונה?" – האם התנהלת בחייך החברתיים באופן מוסרי?; "פלפלת בחכמה?" – האם ניצלת את ימיך להתקדמות רוחנית?; ושאלה נוספת: "ציפית לישועה?" – האם גילית עניין בהתקדמות העולם לגאולתו? חלק ממפרשי התלמוד מוסיפים מילה: "ציפית לישועה **בימיך**?". אפשר להבין זאת כציפייה לביאת הגואל כאן ועכשיו, אולם הפירוש העמוק הוא: האם רתמת לישועה את 'ימיך'? האם תיעלת את האנרגיה של חייך לקידום ביאת המשיח? אדם המאמין בביאת המשיח אינו רק מצפה באופן פסיבי לדמות שתגאל את העולם, אלא שואל את עצמו כל העת: כיצד אני מקדם באמצעות חיי את בואו של המשיח? כיצד הכאב שאני חווה כעת תורם לשיפורה של המציאות ולהתקדמותה? כיצד אנו מביאים לחיינו את הגאולה, וכיצד אנו בונים בליבנו את בית המקדש? הבנה זו אינה באה לייאש, להפך, היא באה לחדד כי ביאתו של המשיח אינה סוף פסוק בהתקדמותו של העולם, אלא רק פתח להתקדמות נוספת, וכך עד אין קץ. שיבת עם ישראל לארצו, בניינו של בית המקדש, ביאתה של דמות מסוימת שתיקרא משיח וכדומה – כל אלו הם ציוני דרך בציר התקדמות אינסופי של תיקון העולם, אולם ההתקדמות המשיחית מצויה כל העת ולעולם לא תיפסק. ולכן יחד עם השמחה על העתיד המיוחל, חשוב להמשיך ולקונן בכל תשעה באב ולזכור ש"מִדֵּי שָׁנָה קִינָה, בְּלֵיל זֶה מְזֻמָּנָה, כִּי קִרְיָה נֶאֱמָנָה, בּוֹ הָיְתָה כְּאַלְמָנָה" (מדי שנה קינה); ו"זְכוֹר

1. שבת לא, א.

ה׳ לִיהוּדָה וְאֶפְרַיִם, אֲשֶׁר שֻׁפַּךְ דָּמָם כַּמַּיִם, סְבִיבוֹת סְבִיבוֹת יְרוּשָׁלַיִם״ (זכור ה׳ ליהודה ואפרים).

תקווה מסתתרת

הבנה זו מביאה אותנו לנקודה נוספת המסתתרת בקינות: תקווה! מבט מעמיק יבחין כי כמעט בכל קינה מסתתרות שורות של תקווה ואופטימיות, כפסוק המסיים את מגילת איכה (שמשמש גם כסיומן של קינות דוגמת ״זכור ה׳ מה היה לנו״): ״השיבנו ה׳ אליך ונשובָ חדש ימינו כקדם״. קריאת הקינות איננה רק מאפשרת לנו להזדהות עם כאב כחלק מתהליך השתלמות אינסופי אלא גם לשאת את העיניים באופטימיות כיצד במשך ההיסטוריה המציאות הולכת ומיתקנת אט־אט – ״יִבָּקַע אוֹרִי, יָהּ, כַּשַּׁחַר, עַל אוֹיְבֵי צוּר אַפּוֹ יִחַר, וּבְעַמּוֹ יִבְחַר, הַבּוֹחֵר בִּירוּשָׁלַיִם״ (אוי כי ירד אש).

אופטימיות ותקווה אינן תמימות והתעלמות מן הכאב אלא צורת הסתכלות ייחודית לאנשים מאמינים. לדוגמה, בתחילת המאה ה־16 היה מצבו של העם היהודי בכי רע. גירוש ספרד, שהתרחש כמה שנים קודם לכן, הותיר את יהדות אירופה חבולה ומצולקת. מצבן של הקהילות היהודיות בצפון אפריקה ובאימפריה העות׳מאנית היה מעט טוב יותר, לפי שעה, אולם המרכז התרבותי־יהודי ששכן בספרד נותץ לרסיסים; עלילות דם ורדיפות על רקע דתי היו למכביר; מעבר לארץ ישראל כלל לא בא בחשבון. גם שאר האנושות לא ליקקה דבש וסבלה ממגפות, בערות, דיכוי ושאר מאפיינים של שלהי ימי־הביניים החשוכים.

באותו זמן התרחש מאורע נוסף. בעיר פוזנן שבפולין נולד ילד ושמו יהודה ליווא בן בצלאל, שברבות הימים הפך לאחד מגדולי הרוח של העם היהודי ונודע בכינוי המהר״ל (מורנו הגדול רבי ליווא) מפראג. בשנת 1578 החל לפרסם את ספריו, שאחד מהם – ״נצח ישראל״ – עוסק במהותו ובעתידו של העם היהודי. בתחילת הספר[2] מונה המהר״ל שלושה קריטריונים שמגדירים לדעתו קבוצת אנשים פרטיים כ״אומה״: הראשון הוא בעלות על נחלה גיאוגרפית; השני הוא התנהלות אוטונומית; והשלישי הוא קיבוץ במקום מרוכז. העם

2. נצח ישראל, פרק א.

היהודי – מפרט המהר"ל בנימה יבשה – איננו עונה כיום על אף אחד מהקריטריונים: ארץ ישראל איננה בריבונותו; הקהילות היהודיות בחוץ לארץ אינן עצמאיות; העם היהודי מפוזר ברחבי תבל. 'מהי המסקנה מהנתונים העגומים הללו?' תוהה המהר"ל, ועונה בפשטות: "זוהי ראיה והוכחה ברורה לגאולה".

סקירה עיתונאית של הנתונים הללו אמורה להביא אותנו למסקנה הפוכה לחלוטין. הייאוש שזועק מכל פינה אמור להוביל אותנו לתחושת מחנק ולתחזית שסופו של הלאום היהודי קרוב. אולם המהר"ל, בעיצומה של אֲפֵלת הגלות, מעניק לנו כיוון חשיבה אחר: יש אלוהים. במילים אחרות: הטוב מנצח תמיד. מצבו הטבעי של העולם הוא הטוב, ומה שטבעי מוכרח להתממש, "אי אפשר שיהיה הבלתי טבעי נעשה טבעי", כדבריו. אם נצא מתוך נקודת הנחה שייעודו של העם היהודי לשוב לריבונותו הוא חיובי, אז הוא יתממש בסופו של דבר. אם המציאות העכשווית מציירת תמונה הפוכה – אל חשש, נמתין ארבע מאות או חמש מאות שנים והכול יסתדר. בקטנה.

הפסוק הראשון בתנ"ך הוא "בְּרֵאשִׁית בָּרָא אֱלֹהִים".[3] אדם מאמין יוצא תמיד מתוך נקודת מוצא אופטימית. אמונה באלוהים אינה סיסמה ריקה מצד אחד, ואינה מחשבה נאיבית שהכול טוב מצד שני, אלא הכרה ברורה בכך שהמציאות איננה הפקר ולכן היא חיובית במהותה. הטוב תמיד מוצא את דרכו לניצחון. זוהי אומנם תחושה קיומית, אולם טביעות האצבע שלה ניכרות בבירור גם במהלך ההיסטוריה. חזונו של המהר"ל אומנם התממש באופן מלא רק לאחר כארבע מאות שנים, אבל כבר בחייו הוא זיהה וקידם תהליכים של התאוששות – תרבותית, לאומית וחברתית – שניצניהם החלו להתממש דור אחד אחריו, בתחילת עידן החסידות בעם היהודי והרנסנס העולמי.

סבלנות

השורש לפסימיות, וגם לאופטימיות, אינו מדעי אלא נפשי.

אדם מטריאליסט (גלגולו המודרני של האדם האלילי הקדום) נוטה לפסימיות. בעיניים מטריאליסטיות, הנחת המוצא היא שאין דבר מעבר

3. בראשית א, א.

לחוויה החושנית. אם מביטים על החיים דרך משקפי החומר לבדם, המציאות אכן יכולה להטעות. החומרנות ממששת את הכאן והעכשיו, תהליכים ארוכים אינם נקלטים בשדה הראייה שלה, וכיוון שהמבט הוא לטווח הקצר – נדמה שהרוע מנצח. מבט חומרי אינו יכול אומנם להתעלם מהטוב שקיים במציאות, אולם הוא מצפה שיופיע באופן שלם ומיד. המילה **אופטימיות** נגזרת מהמילה הלטינית Optimum, שמשמעותה "הטוב ביותר", ואילו מקורה של המילה פסימיות במילה Pessimus, שפירושה "הרע ביותר". התרבות המערבית מחפשת חוויות קצה, ומכיוון שהיא אינה מצליחה לחוות ברגע נתון את "הטוב ביותר", היא בורחת לדמיון שהמציאות כעת היא ה"רע ביותר". אחד מגדולי פרשני התנ"ך, המלבי"ם (רבי מאיר לייבוש בן יחיאל מיכל, 1809-1879), שם ליבו לעובדה ש"יאמרו רוב האומות בחידותיהם ושיריהם כי מן הפלא שיימצא בזמן דבר טוב, אמנם רעותיו רבות ומתמידות".[4] כלומר, בפולקלור העולמי, הטון הפסימי הוא הדומיננטי. כך גם בדמיונה העשיר של התרבות המערבית: כמעט בכל סרט או ספר בדיוני מתוצרת תרבות זו התחזית לעתיד היא אפוקליפטית – אסונות טבע, שואה אטומית או פלישת חייזרים.

אופטימיות יהודית איננה ציפייה "לטוב ביותר" ולא "לרע ביותר", אלא לטוב שילך וינצח לאיטו במהלך ההיסטוריה – האישית, האנושית והקוסמולוגית. הטוב אינו מופיע בבת אחת אלא לאיטו; קוראים לזה פרספקטיבה; ולכן "הִתְנַחֲמוּ בְגָלוּת בָּנִים יוֹשְׁבִים בְּצִיּוֹן, אֲרוֹמִמְכֶם מִשְּׁפֵלוּת, אָכִין עֲבוֹדַת צִיּוֹן, אֶבְנֶה נְוֵה אַפִּרְיוֹן, אָז תִּשְׂמְחוּ בְּגִילוֹת".

נס

זו גם המשמעות של המושג **נס** בתרגום למאה ה־21. **נס** בעברית פירושו **דגל**. התרחשות ניסית אפוא היא הבזק שמתנוסס מדי פעם כדי להזכיר לנו שהמציאות אינה תוצר של מכניקה קפואה בלבד, אלא גם של עולם מוסרי וערכי שמאפשר פריצה של חוקי הטבע. היו תקופות בהיסטוריה שהתאפיינו **בניסים גלויים**, כלומר דילוגים גדולים על שלבי האבולוציה הטבעית. כך היה למשל על פי המסורת היהודית באירועי יציאת מצרים,

4. מלבי"ם איוב ג, הקדמה.

ובפרט בקריעת ים סוף. מאז חורבן בית המקדש ותום עידן הנבואה אנו מבחינים בכך שהניסים אינם גלויים, אלא מופיעים במערכות הטבעיות. המציאות מתנהלת לאיטה, ובמבט רחב – לעיתים של מאות ואלפי שנים – אפשר לראות כיצד מובילה היא בסופו של דבר לכיוון מוסרי. נס בימינו, כלומר מאז חורבן הבית ועד היום, פירושו זיהוי התקדמות של הטוב במציאות; כיצד למרות הכאבים, הולך ומתברר עם הזמן ש"תְּקַנֵּא לְצִיּוֹן קִנְאָה גְדוֹלָה וְתָאִיר לְרַבָּתִי עִם מְאוֹר נָגְהֵךְ" (עד אנה בכייה בציון).

שיבת העם היהודי לארצו בדורות האחרונים היא דוגמה מובהקת לכך. מצד אחד, תהליך שבו עם שב ומכונן את עצמאותו, לאחר אלפיים שנה של גלות, הוא בלתי סביר מבחינה טבעית; מצד שני, לא הבזיק אור פתאומי שלאחריו מצאנו את עצמנו בארץ ישראל. זה היה תהליך מתמשך, רווי הצלחות וכישלונות, שלבסוף הביא למציאות לא טבעית. גם מלחמת ששת הימים נחשבת מעין נס, מפני שהסטטיסטיקה אינה תומכת באפשרות שמדינה צעירה תכריע שלוש מדינות אויב בתוך שישה ימים. עם זאת, המערכה לא הוכרעה בידי מלאך שירד מהשמיים, אלא באמצעות כוח צבאי מיומן שהשתמש בטכנולוגיה מודרנית. גם כאשר מתחוללים ניסים פרטיים חריגים, שבהם חולה מבריא כנגד הסטטיסטיקה – תהליך ההבראה מתגלה בתהליכים פיזיולוגיים ומלווה בפרוצדורה רפואית כזו או אחרת.

כיוון שזו הדרך שבה מתגלים ניסים בימינו, הציפייה לנס צריכה לבוא דרך אמון בתהליכים מציאותיים. השריר הרוחני שיש לטפח היום אינו פסימיות שמובילה לפסיביות, כלומר חוסר מעש מתוך ציפייה לישועה פתאומית, אלא התמודדות – רוחנית, נפשית ומעשית – עם האתגרים הנוכחיים. ההתמודדות כוללת שימוש בכל האמצעים הטבעיים והמדעיים, תוך שמירה על כל חוקי הטבע, כי אלוהים נמצא בפרטיהם הקטנים. אימון רוחני בדרך זו מאפשר עמידות וסבלנות, עד לצליחת האתגר בכמה שפחות נזקים. במקביל לעשייה באות התפילות והקינות, שמזכירות לנו – גם תוך כדי התמודדות מול אתגרים – את העולם הרוחני והמוסרי שמלווה אותנו כל העת.

עיקרון זה נכון, אגב, גם לאתגרים עתידיים: רעידת אדמה באזור המזרח התיכון היא עניין של זמן, וגם עימות כלל־אזורי. אמונה בוגרת

איננה עוצמת עיניים בתקווה שהכול יסתדר מאליו, אלא נערכת לאתגר באופן מיטבי, מתוך הכרה מפוכחת שגם כל אלה הם חלק מההנהגה האלוהית, כלומר, בסופו של דבר גם המאורעות המעציבים מקדמים את העולם לכיוון הנכון. בתוך המאורעות תפקידנו להתנהל באופן אופטימי, מעשי ורציונלי.

שואה

תורת האופטימיות יכולה להעניק מעט נחמה לשאלות פסימיות־רגשיות. השאלה 'איפה היה אלוהים בשואה?' לדוגמה, מהדהדת בעולמנו כבר שמונים שנה. על פי רוב, המענה הדתי לשאלה הזו מסתפק במלמול של פסוקים כגון "כי גבהו שמים מארץ כן גבהו דרכי מדרכיכם ומחשבֹתַי ממחשבותיכם",[5] כלומר, אי אפשר להבין את ההנהגה האלוהית (או בגרסה אחרת: 'אלוהים הוא לא סנטה קלאוס, שמבטיח רק דברים טובים'). אף שזו תשובה נכונה מבחינה פילוסופית, היא אינה מספקת את הצורך הרגשי והפסיכולוגי שמסתתר מאחורי השאלה.

השאלה 'איפה היה אלוהים בשואה?' אינה שאלה במישור השכלי. היא זעקה רגשית. ישנן שאלות רבות שאין לנו עליהן מענה שכלי. יתרה מזאת, מבחינה אובייקטיבית היו באנושות אסונות גדולים לא פחות ואפילו יותר מהשואה. אולם דווקא השואה היא שמציתה כל פעם מחדש את הדיון 'היכן היה אלוהים', ולא במקרה.

בעומק הדברים השאלה 'איפה היה אלוהים בשואה?' מכוונת לממד עמוק הרבה יותר. זוהי זעקה של ייאוש, שהשואה כביכול נותנת לו הצדקה. השואה לא צמחה בחלל ריק. היא אסון בלתי נתפס שהגיע בתקופה שהייתה לכאורה שיא ההתקדמות האנושית. התרבות האירופאית שממנה צמחה השואה הייתה אמורה להיות תרבות מלאת קדמה ומוסר, ודווקא ממנה צמחה הזוועה. למן השואה ועד ימינו התחושה שמקננת באנושות היא שאין סיכוי. לא משנה כמה בני האדם יתאמצו, לא משנה כמה ירצו להיות מוסריים ומתקדמים – בסוף המפלצת תנצח. תרגום המשפט 'איפה היה אלוהים בשואה' הוא – אין

5. ישעיהו נה, ט.

תקווה, הנצח הוא רק אפר ואבק. ממילא אין ערכים, אין חלומות, אין אמת, אין אלוהים. זוהי תמצית הפסימיות.

כאן גם מגיעה התשובה: במבט נרחב נראה שהמציאות היא אחרת. למרות האסונות שקיימים בעולם, למרות הקשיים והזוועות שכל אחד מאיתנו חווה לעיתים בחייו – בסופו של דבר, העולם הוא טוב, החיים הם טובים, המציאות הולכת ומתקדמת. גם לאחר נפילות מגבהים באה השתקמות. מספיק לראות את ההתקדמות האדירה של האנושות בכלל ושל עם ישראל בפרט בשמונים השנים האחרונות בכל המישורים – הכלכליים, המוסריים והרוחניים – כדי להבין שיש תקווה. העולם צומח מכל המשברים ונהיה טוב יותר ויותר, הערכים והמוסר בסופו של דבר מנצחים, מדינת ישראל פורחת. אלוהים לא שתק ולא נעלם בשואה, הוא היה שם כל הזמן והוא נמצא איתנו עכשיו. הטוב מסתתר בתוך הרע ובסוף מנצח. צריך זמן כדי לראות זאת. חוסר ההשלמה עם העוול והרשע והרצון לתיקון (שחלקו יבוא באמצעות נקמה) – הם בסיס האופטימיות הנצחית של העם היהודי, "אָנָּא ה' נְקֹם נִקְמַת עֲבָדֶיךָ, וְהָשֵׁב אֶת שְׁבוּתִי יְקוּמוּן מֵתֶךָ, וְיִחְיוּן צַדִּיקִין וְאָז אָסִיר אֶבְלִי" (אש תוקד בקרבי, הרב שמואל וואזנר).

אני מאמין בביאת המשיח

בעת עמידה בהתמודדות אישית – בריאותית, משפחתית, כלכלית או רוחנית – חובה על כל אחד ואחת מאיתנו לומר את הקינות ולשנן את כל העקרונות לעיל. ישנם, כמובן, אינסוף ניתוחים סטטיסטיים בנוגע לכל תחום בחיינו, ובכל אחד ואחד אכן ישנן בעיות ודברים שצריך לשפר ולקונן עליהם – אולם השורה התחתונה היא שמדור לדור חיינו נעשים טובים יותר ומתוקנים יותר. זוהי הקרקע המוצקה שעליה אנו צועדים בבטחה גם לתיקונו ולקידומו של מצבנו האישי הנוכחי.

לאור כל האמור לעיל, המשפט "אני מאמין באמונה שלמה בביאת המשיח, ואף על פי שיתמהמה עם כל זה אחכה לו בכל יום שיבוא"[6] מקבל משמעות עמוקה יותר. איננו אמורים לצפות בכל יום לדמות שתגאל

6. מתוך נוסח י"ג העיקרים, המבוססים על עיקרי האמונה לפי רמב"ם (הקדמה לפרק חלק).

את העולם כאן ועכשיו באופן מושלם, אלא לחכות בכל יום למשיחיות שתקדם עוד קצת את העולם. כל יום מגיע עוד קצת 'משיח', ואף על פי שיש התמהמהויות, כלומר, מצב שבו דברים מופיעים באופן חלקי ולא שלם, הוא בוא יבוא – גם הדמות הממשית תבוא וגם תיקון העולם. בעולם כיום יש יותר 'משיח' מלפני דור או שניים, ואף בחיינו האישיים המשיח תופס מקום יותר ויותר. הגישה האופטימית האמיתית איננה 'היום רע אבל מחר יהיה טוב', אלא 'היום טוב, ומחר יהיה עוד יותר טוב'.

משפט מאוד לא חכם שנוהגים לומר לילדים בישראל הוא: 'עד שתגדלו לא יהיו יותר מלחמות'. איני נוהג לומר לילדיי את המשפט הזה, כי ברור לי שגם הם ילבשו מדים בבואם לגיל בגרות. הנחמה היא שהמלחמות שילדיי יילחמו בהן תהיינה 'טובות' לאין ערוך מהמלחמות שאביהם השתתף בהן, כשם שבמלחמות שאביהם נלחם בהן – מבחינה צבאית, כלכלית ומוסרית – עם ישראל היה במצב טוב יותר מלפני כשבעים שנה. בעת שאנו קוראים את הקינות ומזדהים עם הכאב ועם הצרות שהיו נחלתם של אבות אבותינו אנו – הפוך על הפוך – מתמלאים בתקווה ובאמונה גדולה: העובדה שאנו חיים כיום במדינה ריבונית וחופשית; העובדה שתוחלת החיים האנושיים ואיכותם גדולות כיום לאין שיעור לעומת החיים לפני כמאה שנה; העובדה שההתמודדות של סבא שלנו הייתה אם לברוח מהעיירה או למות בתאי הגזים, ואילו ההתמודדות שלנו היא אם להסתפק בכיפת ברזל או לצאת למתקפה בעזה – כל אלו ביטויים ל'משיחיות' המופיעה בעולם יותר ויותר.

אנו חיים כיום בתקופה המאושרת ביותר בתולדות העם היהודי והאנושות, והילדים שלנו יחיו בתקופה מאושרת עוד יותר.

תְּרַחֵם צִיּוֹן כַּאֲשֶׁר אָמַרְתָּ
וּתְכוֹנְנֶהָ כַּאֲשֶׁר דִּבַּרְתָּ
תְּמַהֵר יְשׁוּעָה וְתָחִישׁ גְּאֻלָּה
וְתָשׁוּב לִירוּשָׁלַיִם בְּרַחֲמִים רַבִּים.

(עד אנא בכייה בציון)

קינות נוסח אשכנז

זכור ה׳ מה היה לנו

לאחר קריאת איכה שליח הציבור חוזר על פרק ה, המתאר את האומה האבלה לאחר שחלף זמן מאז החורבן, והיא מקוננת על מצבה השפל. שליח הציבור קורא פסוק פסוק, והקהל עונה ׳אוי׳ (כבפסוק טז) וחוזר על חלק מהפסוק הראשון ׳מֶה־הָיָה לָנוּ׳. פסוק יט ״אַתָּה ה׳ לְעוֹלָם תֵּשֵׁב״ כבר אינו קינה, אלא תפילה. מפסוק זה והלאה שליח הציבור אומר בקול והקהל אינו עונה (מחזור ויטרי, רסד). במנהג אשכנז המזרחי נהגו לומר רק את חציו הראשון של כל פסוק, ובמקום חציו השני אמרו שורה המתחרזת עם הראשונה, לעתים מקבילה לה בתוכנה לעתים מפתחת את הרעיון הגלום בה.

זְכֹר יהוה מֶה־הָיָה לָנוּ אוֹי.
הַבִּיטָה וּרְאֵה אֶת־חֶרְפָּתֵנוּ אוֹי מֶה הָיָה לָנוּ.

נַחֲלָתֵנוּ נֶהֶפְכָה לְזָרִים אוֹי.
בָּתֵּינוּ לְנָכְרִים אוֹי מֶה הָיָה לָנוּ.

יְתוֹמִים הָיִינוּ וְאֵין אָב אוֹי.
וְאִמּוֹתֵינוּ מְקוֹנְנוֹת בְּחֹדֶשׁ אָב אוֹי מֶה הָיָה לָנוּ.

מֵימֵינוּ בְּכֶסֶף שָׁתִינוּ אוֹי.
כִּי נִסּוּךְ הַמַּיִם בָּזִינוּ אוֹי מֶה הָיָה לָנוּ.

עַל צַוָּארֵנוּ נִרְדָּפְנוּ אוֹי.
כִּי שִׂנְאַת חִנָּם רָדַפְנוּ אוֹי מֶה הָיָה לָנוּ.

מִצְרַיִם נָתַנּוּ יָד אוֹי.
וְאַשּׁוּר צָדָנוּ כְּצַיָּד אוֹי מֶה הָיָה לָנוּ.

אֲבֹתֵינוּ חָטְאוּ וְאֵינָם אוֹי.
וַאֲנַחְנוּ סוֹבְלִים אֶת עֲוֹנָם אוֹי מֶה הָיָה לָנוּ.

עֲבָדִים מָשְׁלוּ בָנוּ אוֹי.
כִּי שְׁלוּחַ עֲבָדִים בִּטַּלְנוּ אוֹי מֶה הָיָה לָנוּ.

בְּנַפְשֵׁנוּ נָבִיא לַחְמֵנוּ אוֹי.
כִּי קָפַצְנוּ מֵעָנִי יָדֵנוּ אוֹי מֶה הָיָה לָנוּ.

עוֹרֵנוּ כְּתַנּוּר נִכְמָרוּ אוֹי.
כִּי כְבוֹדָם בְּקָלוֹן הֵמִירוּ אוֹי מֶה הָיָה לָנוּ.

נָשִׁים בְּצִיּוֹן עִנּוּ אוֹי.
כִּי אֵשֶׁת אִישׁ טִמְּאוּ וְזִנּוּ אוֹי מֶה הָיָה לָנוּ.

שָׂרִים בְּיָדָם נִתְלוּ אוֹי.
כִּי גְּזֵלַת הֶעָנִי חָמְסוּ וְגָזָלוּ אוֹי מֶה הָיָה לָנוּ.

בַּחוּרִים טְחוֹן נָשָׂאוּ אוֹי.
כִּי בְּבֵית זוֹנָה נִמְצָאוּ אוֹי מֶה הָיָה לָנוּ.

זְקֵנִים מִשַּׁעַר שָׁבָתוּ אוֹי.
כִּי מִשְׁפַּט יָתוֹם וְאַלְמָנָה עִוְּתוּ אוֹי מֶה הָיָה לָנוּ.

שָׁבַת מְשׂוֹשׂ לִבֵּנוּ אוֹי.
כִּי נִבְטְלוּ עוֹלֵי רְגָלֵינוּ אוֹי מֶה הָיָה לָנוּ.

נָפְלָה עֲטֶרֶת רֹאשֵׁנוּ אוֹי.
כִּי נִשְׂרַף בֵּית מִקְדָּשֵׁנוּ אוֹי מֶה הָיָה לָנוּ.

עַל זֶה הָיָה דָוֶה לִבֵּנוּ אוֹי.
כִּי נִטַּל כְּבוֹד בֵּית מַאֲוַיֵּינוּ אוֹי מֶה הָיָה לָנוּ.

עַל הַר צִיּוֹן שֶׁשָּׁמֵם אוֹי.
כִּי נִתַּן עָלָיו שִׁקּוּץ מְשׁוֹמֵם אוֹי מֶה הָיָה לָנוּ.

שליח הציבור:

אַתָּה יהוה לְעוֹלָם תֵּשֵׁב, כִּסְאֲךָ לְדוֹר וָדוֹר: איכה ה
לָמָּה לָנֶצַח תִּשְׁכָּחֵנוּ, תַּעַזְבֵנוּ לְאֹרֶךְ יָמִים:
הֲשִׁיבֵנוּ יהוה אֵלֶיךָ וְנָשׁוּבָ, חַדֵּשׁ יָמֵינוּ כְּקֶדֶם:
כִּי אִם־מָאֹס מְאַסְתָּנוּ, קָצַפְתָּ עָלֵינוּ עַד־מְאֹד:
הֲשִׁיבֵנוּ יהוה אֵלֶיךָ וְנָשׁוּבָ, חַדֵּשׁ יָמֵינוּ כְּקֶדֶם:

איך מפי בן ובת

אם תשעה באב חל במוצאי שבת, אין אומרים 'וִיהִי נֹעַם'
(סדר רב עמרם גאון), ונוהגים לומר קינה זו:

אֵיךְ מִפִּי בֵּן וּבַת / הֲגוּת קִינוֹת רַבַּת
תְּמוּר שִׁירִים וְחֶדְוַת
וִיהִי נֹעַם נִשְׁבַּת, בְּמוֹצָאֵי שַׁבָּת.

אוֹי כִּי נִגְזְרָה גְּזֵרָה / בָּחֳרִי אַף וְגַם בְּעֶבְרָה
וְאַפּוֹ בָּנוּ חָרָה / וּבָעֲרָה חֲמָתוֹ כְּלַבַּת
וִיהִי נֹעַם נִשְׁבַּת, בְּמוֹצָאֵי שַׁבָּת.

אוֹי כִּי בָתֵּינוּ שַׁנּוּ / וּבְתוּלוֹתֵינוּ עֻנּוּ
וּפָנֵינוּ נִשְׁתַּנּוּ / וְגַם הֻשְׁחֲרוּ כְּמַחֲבַת
וִיהִי נֹעַם נִשְׁבַּת, בְּמוֹצָאֵי שַׁבָּת.

אוֹי כִּי שַׁדּוּנוּ צָרִים / וְגַם נָפְלוּ בִי שָׂרִים
בְּנֵי צִיּוֹן הַיְקָרִים: / הָיוּ נְצוּרִים כְּבָבַת איכה ד
וִיהִי נֹעַם נִשְׁבַּת, בְּמוֹצָאֵי שַׁבָּת.

אוֹי כִּי נָפְלָה עֲטֶרֶת / וְגָבְרָה כָּתֵף סוֹרֶרֶת
וְחָדַל הוֹד וְתִפְאֶרֶת / צִמְצוּם שֶׁכֵּן חִבַּת
וִיהִי נֹעַם נִשְׁבַּת, בְּמוֹצָאֵי שַׁבָּת.

אוֹי כִּי נִטְּלָה מְנוֹרָה / וּקְטֹרֶת לְבוֹנָה הַטְּהוֹרָה
וְנִבְזֶה גָּזִית מְיֻקָּרָה / אֲבֵלָה אֶרֶץ זָבַת
וַיְהִי נֹעַם נִשְׁבַּת, בְּמוֹצָאֵי שַׁבָּת.

בליל זה יבכיון

"תשיעי סמוך לחשכה הציתו בו את האור והיה דולק והולך כל היום כולו" (תענית כט ע"א). בשני הבתים הראשונים המשורר האלמוני מתאר את הגלות. תחילה הוא מדמה את עם ישראל לבת שנשבתה מבית אביה, ואחר כך לאישה נואפת שגורשה מבית בעלה. בשני הבתים הבאים הוא מתאר את תשעה באב כיום מועד לפורענות, כדברי הגמרא (שם) "מגלגלין זכות ליום זכאי וחובה ליום חייב".

בְּלֵיל זֶה יִבְכָּיוּן וְיֵילִילוּ בָּנַי / לֵיל חֳרַב קָדְשִׁי וְנִשְׂרְפוּ אַרְמוֹנַי.
וְכָל בֵּית יִשְׂרָאֵל יֶהְגּוּ בִיגוֹנַי / וְיִבְכּוּ אֶת־הַשְּׂרֵפָה אֲשֶׁר שָׂרַף יהוה: ויקרא י
בְּלֵיל זֶה יִבְכָּיוּן וְיֵילִילוּ בָּנָי.

בְּלֵיל זֶה תְּיַלֵּיל מַר עֲנִיָּה נֶחְדֶּלֶת / וּמִבֵּית אָבִיהָ בְּחַיִּים מֻבְדֶּלֶת.
וְיָצְאָה מִבֵּיתוֹ וְנִסְגַּר הַדֶּלֶת / וְהָלְכָה בַּשִּׁבְיָה, בְּכָל פֶּה נֶאֱכֶלֶת.
בְּיוֹם שֻׁלְּחָה, בְּאֵשׁ בּוֹעֶרֶת וְאוֹכֶלֶת / וְאֵשׁ עִם גַּחֶלֶת יָצְאָה מֵאֵת יהוה.
בְּלֵיל זֶה יִבְכָּיוּן וְיֵילִילוּ בָּנָי.

בְּלֵיל זֶה הַגַּלְגַּל סִבֵּב הַחוֹבָה / רִאשׁוֹן גַּם שֵׁנִי, בֵּיתִי נֶחֱרָבָה.
וְעוֹד לֹא רֻחָמָה בַּת הַשּׁוֹבֵבָה / הִשְׁקְתָה מֵי רֹאשׁ, וְאֶת בִּטְנָהּ צָבָה.
וְשִׁלְּחָהּ מִבֵּיתוֹ, וְגַם נָשְׁתָה טוֹבָה / גְּדוֹלָה הַשִּׂנְאָה מֵאַת אֲשֶׁר אֲהֵבָהּ.
וּבְאַלְמְנוּת חַיּוּת כְּאִשָּׁה נֶעֱזָבָה / וַתֹּאמֶר צִיּוֹן עֲזָבַנִי יהוה: ישעיה מט
בְּלֵיל זֶה יִבְכָּיוּן וְיֵילִילוּ בָּנָי.

בְּלֵיל זֶה קָדְרוּתִי וְחָשְׁכוּ הַמְּאוֹרוֹת / לְחֻרְבַּן בֵּית קָדְשִׁי, וּבִטּוּל מִשְׁמָרוֹת.
בְּלֵיל זֶה סַבּוּנִי, אֲפָפוּנִי צָרוֹת / וְגַם קָרָא מוֹעֵד, בְּדִין חָמֵשׁ גְּזֵרוֹת.
בְּכִי חִנָּם בָּכוּ, וְנִקְבַּע לַדּוֹרוֹת / יַעַן, כִּי־הָיְתָה סִבָּה מֵאֵת יהוה: מלכים א׳ יב
בְּלֵיל זֶה יִבְכָּיוּן וְיֵילִילוּ בָּנָי.

בְּלֵיל זֶה, אֵרְעוּ בוֹ חָמֵשׁ מְאֹרָעוֹת / גְּזַר עַל אָבוֹת, בִּפְרֹעַ פְּרָעוֹת.
וְדָבְקוּ בוֹ צָרוֹת מְצֵרוֹת וְגַם רָעוֹת / יוֹם מוּכָן הָיָה, בִּפְגֹעַ פְּגָעוֹת.
וְהֶעֱמִיד הָאוֹיֵב, וְהֵרִים קוֹל זְוָעוֹת / קוּם, כִּי זֶה הַיּוֹם אֲשֶׁר אָמַר יהוה.
בְּלֵיל זֶה יִבְכָּיוּן וְיֵילִילוּ בָנָי.

שומרון קול תיתן

ביחזקאל פרק כג הנביא מדמה את שומרון וירושלים לשתי אחיות,
הקרויות במשל אהלה ואהליבה, ומתאר כיצד בגדו בה׳ ונענשו על כך.
המשורר (ר׳ שלמה אבן גבירול) מתאר שיחה ביניהן לאחר החורבן,
משווה בין סבלן של שתיהן, ומסיים בתפילה שהקב״ה ירחם עליהן.
יש נוהגים לומר קינה זו ואת הבאה אחריה גם בסוף הקינות של שחרית,
ויש האומרים רק את הבית הראשון ׳שׁוֹמְרוֹן קוֹל תִּתֵּן׳,
׳עַד אָנָה׳ (בעמוד הבא) ואת סוף הקינה הבאה, מ׳תְּרַחֵם צִיּוֹן כַּאֲשֶׁר אָמַרְתָּ׳ (עמ׳ 19).

סימן שלמה

שׁוֹמְרוֹן קוֹל תִּתֵּן, מְצָאוּנִי עֲוֹנַי / לְאֶרֶץ אַחֶרֶת יְצָאוּנִי בָנַי.
וְאָהֳלִיבָה תִּזְעַק נִשְׂרְפוּ אַרְמוֹנַי / וַתֹּאמֶר צִיּוֹן עֲזָבַנִי יהוה: ישעיה מט

לֹא לָךְ אָהֳלִיבָה, חָשׁוּב עָנְיֵךְ כְּעָנְיִי / הֲתַמְשִׁילִי שִׁבְרֵךְ לְשִׁבְרִי וּלְחָלְיִי.
אֲנִי אָהֳלָה, סוּרָה בָּגַדְתִּי בְקָשְׁיִי / וְקָם עָלַי כַּחֲשִׁי, וְעָנָה בִי מֶרְיִי.
וּלְמִקְצַת הַיָּמִים שִׁלַּמְתִּי נִשְׁיִי / וְתִגְלַת פִּלְאֶסֶר אָכַל אֶת פִּרְיִי.
חֲמוּדוֹתַי הִפְשִׁיט, וְהִצִּיל אֶת עֶדְיִי / וְלַחְלַח וְחָבוֹר נָשָׂא אֶת שִׁבְיִי.
דֹּמִּי אָהֳלִיבָה, וְאַל תִּבְכִּי כְּבִכְיִי / שְׁנוֹתַיִךְ אָרְכוּ, וְלֹא אָרְכוּ שָׁנַי.
וְאָהֳלִיבָה תִּזְעַק נִשְׂרְפוּ אַרְמוֹנַי / וַתֹּאמֶר צִיּוֹן עֲזָבַנִי יהוה:

מְשִׁיבָה אָהֳלִיבָה, אֲנִי כֵּן נֶעֱקַשְׁתִּי / וּבְאַלּוּף נְעוּרַי כְּאָהֳלָה בָּגַדְתִּי.
דֹּמִּי אָהֳלָה, כִּי יְגוֹנִי זָכַרְתִּי / נָדַדְתְּ אַתְּ אַחַת, וְרַבּוֹת נָדַדְתִּי.
הִנֵּה בְּיַד כַּשְׂדִּים פַּעֲמַיִם נִלְכַּדְתִּי / וּשְׁבִיָּה עֲנִיָּה לְבָבֶל יָרַדְתִּי.
וְנִשְׂרַף הַהֵיכָל אֲשֶׁר בּוֹ נִכְבַּדְתִּי / וּלְשִׁבְעִים שָׁנָה בְּבָבֶל נִפְקַדְתִּי.
וְשַׁבְתִּי לְצִיּוֹן עוֹד, וְהֵיכָל יָסַדְתִּי / גַּם זֹאת הַפַּעַם, מְעַט לֹא עָמַדְתִּי.
עַד לְקָחַנִי אֱדוֹם, וּכְמְעַט אָבַדְתִּי / וְעַל כָּל הָאֲרָצוֹת נָפוֹצוּ הֲמוֹנַי.
וְאָהֳלִיבָה תִּזְעַק נִשְׂרְפוּ אַרְמוֹנַי / וַתֹּאמֶר צִיּוֹן עֲזָבַנִי יהוה:

הַחוֹמֵל עַל דַּל, חֲמוֹל עַל דַּלּוּתָם / וּרְאֵה שׁוֹמְמוּתָם וְאֹרֶךְ גָּלוּתָם.
וְאַל תִּקְצֹף עַד מְאֹד, וּרְאֵה שִׁפְלוּתָם / וְאַל לָעַד תִּזְכֹּר עֲוֹנָם וְסִכְלוּתָם.
רְפָא נָא אֶת שִׁבְרָם, וְנַחֵם אֲבֵלוּתָם / כִּי אַתָּה סִבְרָם וְאַתָּה אֱיָלוּתָם.
חַדֵּשׁ יָמֵינוּ כִּימֵי קַדְמוֹנֵי / כִּנְאֻמְךָ: בּוֹנֵה יְרוּשָׁלַיִם יהוה: תהלים קמז

עד אנה בכייה בציון

לפני סיום הקינות נוהגים לומר 'עַד אָנָה' כתפילה לה' שיגאל את ישראל. המקובלים נוהגים לומר בקשה זו בכל יום, בסוף תיקון חצות.

עַד אָנָה בְּכִיָּה בְּצִיּוֹן, וּמִסְפֵּד בִּירוּשָׁלָיִם.
תְּרַחֵם צִיּוֹן וְתִבְנֶה חוֹמוֹת יְרוּשָׁלָיִם: תהלים קב

"'בָּכוֹ תִבְכֶּה בַּלַּיְלָה' (איכה א, ב) – בוכה ומבכה מלאכי השרת עימה... בוכה ומבכה שמש וירח עימה... בוכה ומבכה כוכבים ומזלות עימה, שנאמר (יואל ב, י): 'וְכוֹכָבִים אָסְפוּ נָגְהָם'" (איכה רבה א, כג). פיוט זה, שעל פי סגנונו הוא הקדום מהקינות הנאמרות בתשעה באב, מתאר את קינת צבא השמים כמקבילה לקינת ישראל על החורבן. את הפיוט אומרים גם בקהילות הספרדים בהבדלי נוסח לא מעטים.

סימן א"ב

אָז בַּחֲטָאֵינוּ חָרַב מִקְדָּשׁ / וּבַעֲוֹנוֹתֵינוּ נִשְׂרַף הֵיכָל.
בָּאֶרֶץ חָבְרָה לָהּ, קָשְׁרָה מִסְפֵּד / וּצְבָא הַשָּׁמַיִם נָשְׂאוּ קִינָה.
גַּם בָּכוּ בְּמַר שִׁבְטֵי יַעֲקֹב / וְאַף מַזָּלוֹת יִזְּלוּ דִמְעָה.
דִּגְלֵי יְשֻׁרוּן חָפוּ רֹאשָׁם / וְכִימָה וּכְסִיל קָדְרוּ פְנֵיהֶם.
הֶעְתִּירוּ אָבוֹת, וְאֵל כְּלֹא שׁוֹמֵעַ / צָעֲקוּ בָנִים וְלֹא עָנָה אָב.
וְקוֹל הַתּוֹר נִשְׁמַע בַּמָּרוֹם / וְרוֹעֶה נֶאֱמָן לֹא הִטָּה אֹזֶן.
זֶרַע קֹדֶשׁ לָבְשׁוּ שַׂקִּים / וּצְבָא הַשָּׁמַיִם גַּם הֵם, שַׂק הוּשַׂם כְּסוּתָם.
חָשַׁךְ הַשֶּׁמֶשׁ וְיָרֵחַ קָדַר / וְכוֹכָבִים וּמַזָּלוֹת אָסְפוּ נָגְהָם.

יש שכתבו שעדיף לדלג על השורות הבאות,
מכיוון שהן מאנישות מדי את המזלות ('זבחי צדק', החדשות כב):

טָלֶה רִאשׁוֹן בָּכָה בְּמַר נֶפֶשׁ / עַל כִּי כְבָשָׂיו לַטֶּבַח הוּבָלוּ.
יְלָלָה הִשְׁמִיעַ שׁוֹר בַּמְּרוֹמִים / כִּי עַל צַוָּארֵנוּ נִרְדַּפְנוּ כֻּלָּנוּ.
כּוֹכַב תְּאוֹמִים נִרְאָה חָלוּק / כִּי דַם אַחִים נִשְׁפַּךְ כַּמַּיִם.
לָאָרֶץ בִּקֵּשׁ לִנְפּוֹל סַרְטָן / כִּי הִתְעַלַּפְנוּ מִפְּנֵי צָמָא.

מָרוֹם נִבְעַת מִקּוֹל אַרְיֵה / כִּי שַׁאֲגָתֵנוּ לֹא עָלְתָה לַמָּרוֹם.
נֶהֶרְגוּ בְתוּלוֹת וְגַם בַּחוּרִים / עַל כֵּן בְּתוּלָה קָדְרָה פָּנֶיהָ.
סִבֵּב מֹאזְנַיִם וּבִקֵּשׁ תְּחִנָּה / כִּי נִבְחַר לָמוֹ מָוֶת מֵחַיִּים.
עַקְרָב לָבַשׁ פַּחַד וּרְעָדָה / כִּי בְּחֶרֶב וּבְרָעָב שְׁפָטָנוּ צוּרֵנוּ.
פַּלְגֵי מַיִם הוֹרִידוּ דִמְעָה כַּנַּחַל / כִּי אוֹת בַּקֶּשֶׁת לֹא נִתַּן לָנוּ.
צָפוּ מַיִם עַל רֹאשֵׁנוּ / וּבִדְלִי מָלֵא חִכֵּנוּ יָבֵשׁ.
קֵרַבְנוּ קָרְבָּן וְלֹא נִתְקַבַּל / וּגְדִי פָּסַק שְׂעִיר חַטָּאתֵנוּ.
רַחֲמָנִיּוֹת בִּשְּׁלוּ יַלְדֵיהֶן / וּמַזַּל דָּגִים הֶעְלִים עֵינָיו.
שָׁכַחְנוּ שַׁבָּת בְּלִבּוֹת שׁוֹבָבִים / שַׁדַּי שִׁכַּח כָּל צִדְקוֹתֵינוּ.
תְּקַנֵּא לְצִיּוֹן קִנְאָה גְדוֹלָה / וְתָאִיר לְרַבָּתִי עִם מְאוֹר נָגְהֶךָ.

הקהל עומד ושליח הציבור אומר:

תְּרַחֵם צִיּוֹן כַּאֲשֶׁר אָמַרְתָּ / וּתְכוֹנְנֶהָ כַּאֲשֶׁר דִּבַּרְתָּ
תְּמַהֵר יְשׁוּעָה וְתָחִישׁ גְּאֻלָּה / וְתָשׁוּב לִירוּשָׁלַיִם בְּרַחֲמִים רַבִּים.

כַּכָּתוּב עַל יַד נְבִיאֶךָ:
לָכֵן כֹּה־אָמַר יהוה, שַׁבְתִּי לִירוּשָׁלַםִ בְּרַחֲמִים זכריה א
בֵּיתִי יִבָּנֶה בָּהּ, נְאֻם יהוה צְבָאוֹת
וְקָו יִנָּטֶה עַל־יְרוּשָׁלָםִ:

וְנֶאֱמַר:
עוֹד קְרָא לֵאמֹר, כֹּה אָמַר יהוה צְבָאוֹת שם
עוֹד תְּפוּצֶנָה עָרַי מִטּוֹב
וְנִחַם יהוה עוֹד אֶת־צִיּוֹן, וּבָחַר עוֹד בִּירוּשָׁלָםִ:

וְנֶאֱמַר:
כִּי־נִחַם יהוה צִיּוֹן, נִחַם כָּל־חָרְבֹתֶיהָ ישעיה נא
וַיָּשֶׂם מִדְבָּרָהּ כְּעֵדֶן, וְעַרְבָתָהּ כְּגַן־יהוה
שָׂשׂוֹן וְשִׂמְחָה יִמָּצֵא בָהּ, תּוֹדָה וְקוֹל זִמְרָה:

בערבית ממשיכים ׳וְאַתָּה קָדוֹשׁ׳.

קינות נוסח עדות המזרח

זכור ה׳ מה היה לנו

אחרי מגילת איכה נוהגים לומר קינות ולאחריהן קדושה דסידרא מתיבות ׳וְאַתָּה קָדוֹשׁ׳ (הלק״ט ח״ב, קלט), ומסיימים בקדיש ׳דְּהוּא עֲתִיד׳ ובהכרזת מניין השנים לחורבן הבית.

זְכֹר יהוה מֶה־הָיָה לָנוּ אוֹי.
הַבִּיטָה וּרְאֵה אֶת־חֶרְפָּתֵנוּ אוֹי מֶה הָיָה לָנוּ.

נַחֲלָתֵנוּ נֶהֶפְכָה לְזָרִים אוֹי.
בָּתֵּינוּ לְנָכְרִים אוֹי מֶה הָיָה לָנוּ.

יְתוֹמִים הָיִינוּ וְאֵין אָב אוֹי.
וְאִמּוֹתֵינוּ מְקוֹנְנוֹת בְּחֹדֶשׁ אָב אוֹי מֶה הָיָה לָנוּ.

מֵימֵינוּ בְּכֶסֶף שָׁתִינוּ אוֹי.
כִּי נִסּוּךְ הַמַּיִם בָּזִינוּ אוֹי מֶה הָיָה לָנוּ.

עַל צַוָּארֵנוּ נִרְדָּפְנוּ אוֹי.
כִּי שִׂנְאַת חִנָּם רָדַפְנוּ אוֹי מֶה הָיָה לָנוּ.

מִצְרַיִם נָתַנּוּ יָד אוֹי.
וְאַשּׁוּר צָדָנוּ כְּצַיָּד אוֹי מֶה הָיָה לָנוּ.

אֲבֹתֵינוּ חָטְאוּ וְאֵינָם אוֹי.
וַאֲנַחְנוּ סוֹבְלִים אֶת עֲוֹנָם אוֹי מֶה הָיָה לָנוּ.

עֲבָדִים מָשְׁלוּ בָנוּ אוֹי.
כִּי שִׁלּוּחַ עֲבָדִים בִּטַּלְנוּ אוֹי מֶה הָיָה לָנוּ.

בְּנַפְשֵׁנוּ נָבִיא לַחְמֵנוּ אוֹי.
כִּי קָפַצְנוּ מֵעָנִי יָדֵנוּ אוֹי מֶה הָיָה לָנוּ.

עוֹרֵנוּ כְּתַנּוּר נִכְמָרוּ אוֹי.
כִּי כְבוֹדָם בְּקָלוֹן הֵמִירוּ אוֹי מֶה הָיָה לָנוּ.

נָשִׁים בְּצִיּוֹן עִנּוּ אוֹי.
כִּי אֵשֶׁת אִישׁ טִמְּאוּ וְזִנּוּ אוֹי מֶה הָיָה לָנוּ.

שָׂרִים בְּיָדָם נִתְלוּ אוֹי.
כִּי גְּזֵלַת הֶעָנִי חָמְסוּ וְגָזָלוּ אוֹי מֶה הָיָה לָנוּ.

בַּחוּרִים טְחוֹן נָשָׂאוּ אוֹי.
כִּי בְּבֵית זוֹנָה נִמְצָאוּ אוֹי מֶה הָיָה לָנוּ.

זְקֵנִים מִשַּׁעַר שָׁבָתוּ אוֹי.
כִּי מִשְׁפַּט יָתוֹם וְאַלְמָנָה עִוְּתוּ אוֹי מֶה הָיָה לָנוּ.

שָׁבַת מְשׂוֹשׂ לִבֵּנוּ אוֹי.
כִּי נִבְטְלוּ עוֹלֵי רְגָלֵינוּ אוֹי מֶה הָיָה לָנוּ.

נָפְלָה עֲטֶרֶת רֹאשֵׁנוּ אוֹי.
כִּי נִשְׂרַף בֵּית מִקְדָּשֵׁנוּ אוֹי מֶה הָיָה לָנוּ.

עַל זֶה הָיָה דָוֶה לִבֵּנוּ אוֹי.
כִּי נִטַּל כְּבוֹד בֵּית מַאֲוַיֵּינוּ אוֹי מֶה הָיָה לָנוּ.

עַל הַר צִיּוֹן שֶׁשָּׁמֵם אוֹי.
כִּי נִתַּן עָלָיו שִׁקּוּץ מְשׁוֹמֵם אוֹי מֶה הָיָה לָנוּ.

אז בחטאינו חרב מקדש

אָז בַּחֲטָאֵינוּ חָרַב מִקְדָּשׁ / וּבַעֲוֹנוֹתֵינוּ נִשְׂרַף הֵיכָל.
בְּעִיר שֶׁחֻבְּרָה לָּהּ, קָשְׁרוּ מִסְפֵּד / וּצְבָא הַשָּׁמַיִם נָשְׂאוּ קִינָה.
גַּם בָּכוּ בַּמָּרוֹם שִׁבְטֵי יַעֲקֹב / וְאַף מַזָּלוֹת יִזְּלוּ דִמְעָה.
דִּגְלֵי יְשֻׁרוּן חָפוּ רֹאשָׁם / כִּימָה וּכְסִיל קָדְרוּ פְנֵיהֶם.
הֶעְתִּירוּ אָבוֹת, וְאֵל כְּלֹא שׁוֹמֵעַ / צָעֲקוּ בָנִים וְלֹא עָנָה אָב.
וְקוֹל הַתּוֹר צוֹעֵק בִּמְרָה / וְרוֹעֶה נֶאֱמָן לֹא הִטָּה אֹזֶן.
זֶרַע קֹדֶשׁ חָגְרוּ שַׂקִּים / וּצְבָא הַשָּׁמַיִם שַׂק הוּשַׁת כְּסוּתָם.
יואל ב חָשַׁךְ הַשֶּׁמֶשׁ וְיָרֵחַ קָדַר / וְכוֹכָבִים אָסְפוּ נָגְהָם:

בליל זה יבכיון

בְּלֵיל זֶה יִבְכָּיוּן וְיֵילִילוּ בָנַי / לֵיל חָרַב קָדְשִׁי וְנִשְׂרְפוּ אַרְמוֹנַי.
ויקרא י וְכָל בֵּית יִשְׂרָאֵל יֶהְגּוּ בִיגוֹנַי / וְיִבְכּוּ אֶת־הַשְּׂרֵפָה אֲשֶׁר שָׂרַף יהוה:
בְּלֵיל זֶה יִבְכָּיוּן וְיֵילִילוּ בָנָי.

בְּלֵיל זֶה תְּיֵלִיל מַר עֲנִיָּה נֶחְדֶּלֶת / וּמִבֵּית אָבִיהָ בְּחַיִּים מֻבְדֶּלֶת.
וְיָצְאָה מִבֵּיתוֹ וְנִסְגַּר הַדֶּלֶת / וְהָלְכָה בַּשִּׁבְיָה, בְּכָל פֶּה נֶאֱכֶלֶת.
בְּיוֹם שִׁלְּחָהּ, בְּאֵשׁ בּוֹעֶרֶת וְאוֹכֶלֶת / וְאֵשׁ עִם גַּחֶלֶת יָצְאָה מֵאֵת יהוה.
בְּלֵיל זֶה יִבְכָּיוּן וְיֵילִילוּ בָנָי.

בְּלֵיל זֶה הַגַּלְגַּל סִבֵּב הַחוֹבָה / רִאשׁוֹן גַּם שֵׁנִי, בֵּיתִי נֶחֱרָבָה.
וְעוֹד לֹא רֻחֲמָה בַּת הַשּׁוֹבֵבָה / הִשְׁקְתָה מֵי רֹאשׁ, וְאֶת בִּטְנָהּ צָבָה.
וְשִׁלְּחָהּ מִבֵּיתוֹ, וְגַם נָשְׁתָה טוֹבָה / גְּדוֹלָה הַשִּׂנְאָה מֵאֵת אֲשֶׁר אֲהֵבָהּ.
ישעיה מט וּבְאַלְמְנוּת חַיּוּת כְּאִשָּׁה נֶעֱזָבָה / וַתֹּאמֶר צִיּוֹן עֲזָבַנִי יהוה:
בְּלֵיל זֶה יִבְכָּיוּן וְיֵילִילוּ בָנָי.

בְּלֵיל זֶה קָדַרְתִּי וְחָשְׁכוּ הַמְּאוֹרוֹת / לְחָרְבַּן בֵּית קָדְשִׁי, וּבִטּוּל מִשְׁמָרוֹת.
בְּלֵיל זֶה סַבּוּנִי, אֲפָפוּנִי צָרוֹת / וְגַם קָרָא מוֹעֵד, בְּדִין חָמֵשׁ גְּזֵרוֹת.
מלכים א׳ יב בְּכִי חִנָּם בָּכוּ, וְנִקְבַּע לַדּוֹרוֹת / יַעַן, כִּי־הָיְתָה סִבָּה מֵאֵת יהוה:
בְּלֵיל זֶה יִבְכָּיוּן וְיֵילִילוּ בָנָי.

בְּלֵיל זֶה, אֵרְעוּ בוֹ חָמֵשׁ מְאֹרָעוֹת / גָּזַר עַל אָבוֹת, בִּפְרֹעַ פְּרָעוֹת.
וְדָבְקוּ בוֹ צָרוֹת מְצֵרוֹת וְגַם רָעוֹת / יוֹם מוּכָן הָיָה, בִּפְגֹעַ פְּגָעוֹת.
וְהֶעֱמִיד הָאוֹיֵב, וְהֵרִים קוֹל זְוָעוֹת / קוּם, כִּי זֶה הַיּוֹם אֲשֶׁר אָמַר יהוה.
בְּלֵיל זֶה יִבְכָּיוּן וְיֵילִילוּ בָנָי.

מדי שנה קינה

מִדֵּי שָׁנָה קִינָה, בְּלֵיל זֶה מְזֻמָּנָה
כִּי קִרְיָה נֶאֱמָנָה, בוֹ הָיְתָה כְּאַלְמָנָה. איכה א

בּוֹ אֶבְכֶּה וְאֶהֱמֶה, וּבוֹ פְּנֵי אַרְעִימָה
נְהִי נִהְיָה אֲרִימָה, מִיָּמִים יָמִימָה. שופטים יא

מִדֵּי שָׁנָה קִינָה, בְּלֵיל זֶה מְזֻמָּנָה
כִּי קִרְיָה נֶאֱמָנָה, בוֹ הָיְתָה כְּאַלְמָנָה.

בְּלֵיל זֶה מִכָּל לֵילוֹת, קִינָה בְּכָל מַקְהֵלוֹת
וּבוֹ שָׁתוּ כּוֹס תַּרְעֵלוֹת, דַּרְכֵי צִיּוֹן אֲבֵלוֹת. איכה א

מִדֵּי שָׁנָה קִינָה, בְּלֵיל זֶה מְזֻמָּנָה
כִּי קִרְיָה נֶאֱמָנָה, בוֹ הָיְתָה כְּאַלְמָנָה.

לֵיל צוּר פָּקַד קִצְפּוֹ, וְשָׁלַח בִּי אֵשׁ רִשְׁפּוֹ
וְהוּשַׁת שִׁבְרִי לִסְפּוֹא, יֶחְשְׁכוּ כּוֹכְבֵי נִשְׁפּוֹ. איוב ג

מִדֵּי שָׁנָה קִינָה, בְּלֵיל זֶה מְזֻמָּנָה
כִּי קִרְיָה נֶאֱמָנָה, בוֹ הָיְתָה כְּאַלְמָנָה.

אֲנִי הַגֶּבֶר אוּמַל, לִרְאוֹת יָגוֹן וְעָמָל
בְּלֵיל זֶה רִשְׁעִי גָּמַל, בִּלַּע אֲדֹנָי וְלֹא חָמַל. איכה ב

מִדֵּי שָׁנָה קִינָה, בְּלֵיל זֶה מְזֻמָּנָה
כִּי קִרְיָה נֶאֱמָנָה, בוֹ הָיְתָה כְּאַלְמָנָה.

לֵיל בּוֹ אֵרַע נוֹפֶל, לְמִגְדַּל בֹּחַן וָעֹפֶל
וְשׁוֹעַי יָשְׁבוּ בַשֵּׁפֶל, יִקָּחֵהוּ אֹפֶל. איוב ג

על זה היה דווה ליבנו

עַל זֶה הָיָה דָוֶה לִבֵּנוּ, וְעַל אֵלֶּה חָשְׁכוּ עֵינֵינוּ.

עַל שִׁמְמוּת עִיר קָדְשֵׁנוּ, בְּלֵיל זֶה יְגוֹנֵנוּ
נֶהֶפְכוּ נְהִי רְנָנֵינוּ.
וְעַל אֵלֶּה חָשְׁכוּ עֵינֵינוּ

עַל קִרְיָה נִפְלָאָתָה, אֲשֶׁר הוּשָׁתָה בָּתָּה
לְתוֹרָה וּמִצְוָתָהּ, הֶאֱטַמְנוּ אָזְנֵינוּ.
וְעַל אֵלֶּה חָשְׁכוּ עֵינֵינוּ

נִפְרַע הֵיכָלֵנוּ, נִשָּׂא בְּמַר קוֹלֵנוּ
יוֹם הִרְבּוּ חֲלָלֵינוּ, אוֹי מָה בָּא עָלֵינוּ.
וְעַל אֵלֶּה חָשְׁכוּ עֵינֵינוּ

וְסָף מִזְבֵּחַ וְאָרוֹן, כִּי גָּבַר הֶחָרוֹן
וְקוֹל הֵרִים זָר בְּגָרוֹן, בְּבֵית אֲדוֹנֵנוּ.
וְעַל אֵלֶּה חָשְׁכוּ עֵינֵינוּ

וְסָף כּוֹחֵנוּ וְכָשַׁל, בְּלַחַץ מוֹנֶה כָּשַׁל
כִּי הָיִינוּ לְמָשָׁל, וְלַעַג לִשְׁכֵנֵינוּ.
וְעַל אֵלֶּה חָשְׁכוּ עֵינֵינוּ

נִשְׁכַּחְנוּ כְּמֵת מִלֵּב, מוֹנֶה גּוֹזֵז וְחוֹלֵב
וְנִצְרַח בְּתִגְרַת אוֹיֵב, לָאֵל וְאֵין עוֹנֵנוּ.
וְעַל אֵלֶּה חָשְׁכוּ עֵינֵינוּ

פִּתְאוֹם בָּא אֵידֵנוּ, וַיִּרְפּוּ יָדֵינוּ
וְגָבְרָה יַד מוֹנֵינוּ, בָּחֳרִי אַף קוֹנֵנוּ.
וְעַל אֵלֶּה חָשְׁכוּ עֵינֵינוּ

אוי כי ירד אש (קינה למוצ״ש)

יש אומרים קינה זו אחרי ׳עַל־נַהֲרוֹת בָּבֶל׳.

אוֹי כִּי יָרַד אֵשׁ מִן הַשָּׁמַיִם / לִירוּשָׁלַיִם, עֵינִי עֵינִי יֹרְדָה מַּיִם: איכה א

טִירַת קֹדֶשׁ אֵיךְ נָשַׁמָּה / יוֹשֵׁב בַּשָּׁמַיִם עַד מָה
בַּת מֶלֶךְ אָמָה / הַקְּדֵשָׁה הִוא בָעֵינָיִם: בראשית לח
לִירוּשָׁלַיִם, עֵינִי עֵינִי יֹרְדָה מַּיִם:

יָרֵחַ אָב בּוֹ שִׁמְשִׁי קָדַר / אַהֲרֹן הַכֹּהֵן בּוֹ נֶעְדָּר
וְגַם עִיר הֶהָדָר / בּוֹ חָרְבָה פַּעַם וּשְׁתָּיִם: נחמיה יג
לִירוּשָׁלַיִם, עֵינִי עֵינִי יֹרְדָה מַּיִם:

מָרָה הַלַּיְלָה הַזֶּה אָרִים / וַיְהִי לִבְכִּי לֵיל שִׁמּוּרִים
וְאוֹתִי הֶחֱרִים / אֵל מוֹצִיאָם מִמִּצְרָיִם: במדבר כג
לִירוּשָׁלַיִם, עֵינִי עֵינִי יֹרְדָה מַּיִם:

יִבָּקַע אוֹרִי, יָהּ, כַּשַּׁחַר / עַל אוֹיְבַי צוּר אַפּוֹ יִחַר
וּבְעַמּוֹ יִבְחַר הַבֹּחֵר בִּירוּשָׁלָיִם: זכריה ג
וּבְעַמּוֹ יִבְחַר הַבֹּחֵר בִּירוּשָׁלָיִם.

זכור ה׳ ליהודה ואפרים

זְכֹר יהוה לִיהוּדָה וְאֶפְרָיִם
אֲשֶׁר שֻׁפַּךְ דָּמָם כַּמַּיִם
סְבִיבוֹת סְבִיבוֹת יְרוּשָׁלָיִם. תהלים עט

זְכֹר יהוה לַמָּשִׁיחַ הַנִּקְרָא
אֲשֶׁר עָשׂוּ אֶת גּוּפוֹ כַּכְּבָרָה
וְלֹא נוֹתַר חֵץ אֲשֶׁר בּוֹ לֹא יָרָה
לָכֵן עָלָיו אֶבְכֶּה בְּנֶפֶשׁ מָרָה
לְשֶׁבֶר זֶה רָפוּ כָּל יָדַיִם
סְבִיבוֹת סְבִיבוֹת יְרוּשָׁלַיִם.

זְכֹר יהוה לִשְׁמוֹנִים אֶלֶף אֲצִילִים
אֲשֶׁר בָּרְחוּ וְהָלְכוּ לַיִשְׁמְעֵאלִים
וְעֵת רָאוּם תָּקְעוּ שָׁם אֹהָלִים
עִם מַאֲכָל וּנְפוּחִים הַנְּבָלִים
וּבַצָּמָא הִשְׁקוּם מִבְּלִי מַיִם
סְבִיבוֹת סְבִיבוֹת יְרוּשָׁלַיִם.

זְכֹר יהוה לְאָבוֹת וּפְרָחִים
אֲשֶׁר הָרַג רָשָׁע שַׂר טַבָּחִים
בְּדַם כֹּהֵן הַמַּקְרִיב הַזְּבָחִים
וְגַם צָדָם כְּצִפֳּרִים אֶל פַּחִים
לְשֶׁבֶר זֶה תִּצַלְנָה אָזְנַיִם
סְבִיבוֹת סְבִיבוֹת יְרוּשָׁלַיִם.

זְכֹר יהוה לָאַלְמָנָה הַצְּנוּעָה
אֲשֶׁר הָרְגוּ אֶת בָּנֶיהָ שִׁבְעָה
בְּנֵי עַוְלָה מַלְכוּת יָוָן הָרְשָׁעָה
וְהִיא עַצְמָהּ נָפְלָה וְגַם שָׁקְעָה
וְעַל אֵלֶּה יֶהֱמוּ כָּל מֵעַיִם
סְבִיבוֹת סְבִיבוֹת יְרוּשָׁלַיִם.

זְכֹר יהוה לַעֲשָׂרָה הַיְשִׁישִׁים
אֲשֶׁר נָפְלוּ בִּידֵי אֲדוֹנִים קָשִׁים
לַחֶרֶב וּלְלַהֶבֶת אִשִּׁים
וְהִפְשִׁיטוּם כְּאֵילִים וּתְיָשִׁים
עַל קְדֻשַּׁת שֵׁם שׁוֹכֵן שָׁמַיִם
סְבִיבוֹת סְבִיבוֹת יְרוּשָׁלַיִם.

אליכם עדה קדושה

יש קהילות שבהן מדלגים על פיוט זה:

אֲלֵיכֶם עֵדָה קְדוֹשָׁה / אֶשְׁאַל מִכֶּם שְׁאֵלוֹת
מָה־נִּשְׁתַּנָּה הַלַּיְלָה / הַזֶּה מִכָּל־הַלֵּילוֹת
מָה־נִּשְׁתַּנָּה הַלַּיְלָה הַזֶּה מִכָּל־הַלֵּילוֹת.

מַדּוּעַ בְּלֵיל פֶּסַח / אוֹכְלִים מַצּוֹת וּמְרוֹרִים
עַתָּה הַלַּיְלָה הַזֶּה / שָׂבַעְנוּ בוּז וּמְרוֹרִים
עַל־הֶרֶג הַכְּשֵׁרִים / וְעַל־זֶרַע יְשָׁרִים
עַל כֵּן בְּבִכְי תַּמְרוּרִים / אֶשָּׂא קוֹלִי כְּחוֹלוֹת
מָה־נִּשְׁתַּנָּה הַלַּיְלָה הַזֶּה מִכָּל־הַלֵּילוֹת.

מָה מַדּוּעַ בְּלֵיל פֶּסַח / שֻׁלְחָן עָרוּךְ בְּשִׂמְחָה
עַתָּה בַּעֲוֹנוֹתֵינוּ / בְּלֵיל זֶה קוֹל אֲנָחָה
אֲהָהּ כִּי לֹא מָצִינוּ / לְכַף רַגְלֵנוּ מְנוּחָה
אוֹי כִּי בָאָה צָרָה / עַל־כֵּן אֶשְׁכַּח מְחוֹלוֹת
מָה־נִּשְׁתַּנָּה הַלַּיְלָה הַזֶּה מִכָּל־הַלֵּילוֹת.

מַדּוּעַ בְּלֵיל פֶּסַח / שׁוֹתִים כּוֹסוֹת בִּבְרָכָה
עַתָּה אֲנַחְנוּ בְּלֵיל זֶה / נִקְרָא מְגִלַּת אֵיכָה
אֵיכָה בְּגָלוּת יָשַׁבְתִּי / וּבָאתִי אֶרֶץ מְבוּכָה
לָכֵן אֲנִי עַל־כָּכָה / אֲעוֹרֵר קוֹל יְלָלוֹת
מָה־נִּשְׁתַּנָּה הַלַּיְלָה הַזֶּה מִכָּל־הַלֵּילוֹת.

מַדּוּעַ בְּלֵיל פֶּסַח / קוֹרִין תָּמִיד הַגָּדָה
עַתָּה נֹאמַר בְּלֵיל זֶה / בְּכִי תַּמְרוּר וּקְפָדָה
אוֹיָה כִּי גַּרְתִּי מֶשֶׁךְ / וּבָא עֵת פְּקֻדָּה
אוֹי עַל־קִרְיָה חֲמוּדָה / וְעַל־בָּתֵּי תְּפִלּוֹת
מָה־נִּשְׁתַּנָּה הַלַּיְלָה הַזֶּה מִכָּל־הַלֵּילוֹת.

מַדּוּעַ בְּלֵיל פֶּסַח / נִגְמֹר תָּמִיד הַהַלֵּל
עַתָּה אֲנַחְנוּ בְּלֵיל זֶה / נְהִי מִסְפֵּד וִילֵל
כִּי בַּעֲוֹנֹתֵינוּ / עַתָּה לֹא נוּכַל לְהִתְפַּלֵּל
כִּי בֵּית מִקְדָּשׁ מִתְחַלֵּל / וְגַם חָרְבוּ הֵיכָלוֹת
מָה־נִּשְׁתַּנָּה הַלַּיְלָה הַזֶּה מִכָּל־הַלֵּילוֹת.

מַדּוּעַ בְּלֵיל פֶּסַח / אוֹמְרִים שְׁפֹךְ בְּזִמְרָה
עַתָּה בְּלֵיל זֶה שָׁתִינוּ / לַעֲנָה רוֹשׁ וּמָרָה
אוֹי כִּי שִׂמְחָה נֶעְדָּרָה / דַּרְכֵי צִיּוֹן אֲבֵלוֹת איכה א
מָה־נִּשְׁתַּנָּה הַלַּיְלָה הַזֶּה מִכָּל־הַלֵּילוֹת.

(הִתְנַחֲמוּ בְּגָלוּת / בָּנִים יוֹשְׁבִים בְּצִיּוֹן
אֲרוֹמִמְכֶם מִשִּׁפְלוּת / אָכִין עֲבֹדַת צִיּוֹן
אֶבְנֶה נָוֶה אַפִּרְיוֹן / אָז תִּשְׂמְחוּ בְּגִילוֹת
אֶבְנֶה נָוֶה אַפִּרְיוֹן אָז תִּשְׂמְחוּ בְּגִילוֹת.)

אוי כי קינה רבת (קינה למוצ"ש)

אוֹי כִּי קִינָה רַבַּת, מִפִּי בֵן וּמִפִּי בַת.
וִיהִי נֹעַם נִשְׁבַּת, בְּמוֹצָאֵי הַשַּׁבָּת.

וּבִשְׁעַת הַבְדָּלָה, הַרְעָשָׁה וְקוֹל יְלָלָה
אֵיךְ חַתָּה וְאֻמְלְלָה, צִיּוֹן הַהֲלָלָה
אֵיךְ בְּפֶתַע נִבְהָלָה, וְשֻׁלַּח בַּמִּקְדָּשׁ לַבַּת.

וִיהִי נֹעַם נִשְׁבַּת, בְּמוֹצָאֵי הַשַּׁבָּת.

אֵיךְ נֶהְפַּךְ לְאוֹי כָּל שִׁיר, וּלְאֵבֶל כָּל מָחוֹל
וּמִסְפֵּד מַר חוֹל תָּחוּל, וְאֵין מַבְדִּיל בֵּין קֹדֶשׁ לְחוֹל
בְּיוֹם זָחֲלְתִּי זָחוֹל, זָרִים נָחֲלוּ נָחוֹל, מִקְדָּשֵׁי נַחֲלַת חִבַּת.

וִיהִי נֹעַם נִשְׁבַּת, בְּמוֹצָאֵי הַשַּׁבָּת.

וְחָלִילָה לַעֲגוּמִים, אֲבֵלִים הַשּׁוֹמְמִים
בְּלֵיל זֶה פֻּקַּד אֲשָׁמִים, לְהָרִיחַ עֲצֵי בְשָׂמִים
עֵת קְטֹרֶת הַסַּמִּים, בּוֹסְסוּ יְהִירֵי לְאֻמִּים
וּבְיוֹם זֶה מִיָּמִים, לִבְכִּי עֲדֵי עַד סִבַּת.

וִיהִי נֹעַם נִשְׁבַּת, בְּמוֹצָאֵי הַשַּׁבָּת.

חֵלֶף וִיהִי נֹעַם, כָּל פֶּה יְיֵלִיל בְּרַעַם
אֵיכָה יָשְׁבָה בְזַעַם, הָעִיר רַבָּתִי עָם איכה א
יוֹם סָרוּ מִמִּרְעָם, יְדִידִים נְצוּרִים כְּבָבַת.

וִיהִי נֹעַם נִשְׁבַּת, בְּמוֹצָאֵי הַשַּׁבָּת.

אני הגבר

אֲנִי הַגֶּבֶר אֲקוֹנֵן / בְּלֵיל זֶה
בְּמַר וְאֶתְאוֹנֵן / וְתַחַת וִיהִי נֹעַם / אֵיכָה זָהָב יוּעַם.

שַׁבָּת זֶה לֵיל תִּשְׁעָה בְּאָב / בְּצֵאתוֹ אֲיֵלִיל וְאֶדְאַב
וְאֶמְצֶה כּוֹס תַּרְעֵלָה / תַּחַת כּוֹס הַהַבְדָּלָה.

(לַדּוֹרוֹת קָבַעְתִּי / נְהִי בְּלֵיל זֶה וְקוֹנַנְתִּי
וְאֶבְכֶּה וְאֵשֵׁב מַשְׁמִים / לֹא אָרִיחַ עֲצֵי בְשָׂמִים.

מַר לִי מַר בַּעֲוֹנַי / וְגָבְרוּ עָלַי מְעַנַּי
בִּשְׂרוֹף עִיר הַקֹּדֶשׁ / בּוֹרֵא מְאוֹרֵי הָאֵשׁ.

הָהּ בְּמוֹצָאֵי שַׁבָּת / אַף גִּיל לְבָבִי שָׁבַת
וְהִרְבָּה יְגוֹנַי כַּחוֹל / הַמַּבְדִּיל בֵּין קֹדֶשׁ לְחוֹל.

רְאֵה כִּי אֵין מְנַחֵם / וְאַכְזָר שָׁב מְרַחֵם
וּמֵעֵת תִּשְׁעָה בְּאָב / יְתוֹמִים הָיִינוּ וְאֵין אָב.

מִיּוֹם נָתְנוּ קוֹלָם / אָבוֹת בְּלֵיל זֶה חָטְאוּ בְּמַעֲלָם
קָבַעְתִּי לִי בְכִיָּה / תַּאֲנִיָּה וַאֲנִיָּה.

אָבוֹת חָטְאוּ וְאֵינָם / וְאֵיךְ אֶסְבּוֹל אֲנִי עֲוֹנָם
הַאִם שׁוֹכֵן עֲרָבוֹת / יוּמְתוּ בָנִים עַל אָבוֹת).

קוּם בְּרַחֲמֶיךָ אֱלֹהֵינוּ / וְרַחֵם עָלֵינוּ
וַהֲפוֹךְ אֶבְלֵנוּ לְשָׂשׂוֹן / בְּכָל לֵב יִשְׁעַךָ אָרוֹן.

נַחֵם אֲבֵלֵי צִיּוֹן / מְיַחֲלִים יֶשַׁע וּפִדְיוֹן
בְּשׁוּב שְׁבוּת בְּנֵי יִשְׂרָאֵל / וּבָא לְצִיּוֹן גּוֹאֵל. ישעיה נט בשוב

שמעו נא אחינו בית ישראל

שִׁמְעוּ נָא אַחֵינוּ בֵּית יִשְׂרָאֵל, כִּי בַּעֲוֹנוֹתֵינוּ וַעֲוֹנוֹת אֲבוֹתֵינוּ אֲנַחְנוּ מוֹנִים לְחָרְבַּן בֵּית מִקְדָּשֵׁנוּ, וְלִשְׂרֵפַת הֵיכָלֵנוּ, וּלְגָלוּת שְׁכִינַת עֻזֵּנוּ, וְלִנְפִלַת עֲטֶרֶת רֹאשֵׁנוּ, וּלְפִזּוּר עַם הַקֹּדֶשׁ מִירוּשָׁלַיִם עִיר הַקֹּדֶשׁ. אוֹי לָנוּ עַל גָּלוּת הַשְּׁכִינָה, אוֹי לָנוּ עַל חָרְבַּן בֵּית הַמִּקְדָּשׁ, אוֹי לָנוּ עַל שְׂרֵפַת הַתּוֹרָה, אוֹי לָנוּ עַל הֲרִיגַת הַצַּדִּיקִים, אוֹי לָנוּ עַל צַעֲרוֹ שֶׁל מָשִׁיחַ. הַיּוֹם אֶלֶף וּתְשַׁע מֵאוֹת וְ (ואומר את מניין השנים לחורבן בית המקדש והמספר הוא ס״ח שנים פחות ממניינם של העמים) שָׁנִים, מִיּוֹם שֶׁנֶּחֱרַב בֵּית מִקְדָּשֵׁנוּ וְתִפְאַרְתֵּנוּ. נָפְלָה עֲטֶרֶת רֹאשֵׁנוּ, אוֹי נָא לָנוּ כִּי חָטָאנוּ: